STARK

Friedrich Hebbel

Maria Magdalena

INTERPRETATION

von Bertold Heizmann

STARK

Bildnachweis

Umschlagbild: © dpa
S. 3: picture-alliance/dpa
S. 9: Josef Kriehuber (1800 –1876)
S. 16, 22, 32, 50: © dpa
S. 19, 52, 55: Nik Schölzel
S. 16, 22, 32, 50: © dpa
S. 36, 40, 45, 61: picture-alliance
S. 59: ullstein bild – Lieberenz
S. 68: ullstein bild – Ruth Wilhelmi
S. 75: ullstein bild – Heinz Fremke
S. 81: © dpa – Report
S. 85: Seweryn Zelazny
S. 87: ullstein bild – B. Friedrich
S. 88: picture-alliance/dpa

Inhalt

Vorwort

Einführung 1

Biografie und Entstehungsgeschichte 3
1 Biografischer Hintergrund 3
2 Entstehungsgeschichte 12

Inhaltsangabe 15

Textanalyse und Interpretation 25
1 Das „bürgerliche Trauerspiel" 25
2 Struktur und Textaufbau 29
3 Figurenkonstellation 32
4 Zentrale Themen und Motive 49
5 Zur Sprache 69
6 Interpretation von Schlüsselstellen 74
   • „Vor dem Angesicht der Welt" – Szene II, 1 74
   • „Zweimal zehn Gebote" – Szene III, 7 76
   • „Ich verstehe die Welt nicht mehr!" – Szene III, 11 78

Zur Rezeption 83
1 Hebbels Stück auf der Bühne 83
2 Die „Nachgeburt": *Maria Magdalena*
   von Franz Xaver Kroetz (1972) 86

Literaturhinweise 97

Anmerkungen 100

Autor: Dr. Bertold Heizmann

Vorwort

Liebe Schülerin, lieber Schüler,

diese Interpretationshilfe zu Friedrich Hebbels *Maria Magdalena* ermöglicht Ihnen eine gezielte Vorbereitung auf die Lektüre des Werkes im Unterricht sowie auf Klausuren.

Zu Beginn steht ein kurzer Überblick über die **Biografie** des Autors sowie über die Entstehungsgeschichte des Dramas. Es folgt eine ausführliche **Inhaltsangabe**.

Das Kapitel **Textanalyse und Interpretation** stellt den Hauptteil der Interpretationshilfe dar. Darin wird das Drama zunächst in die Reihe der sogenannten „bürgerlichen Trauerspiele" gestellt, deren Tradition Hebbel zwar fortsetzt, aber neu definiert. Es folgen Hinweise zum **Textaufbau**. Die Hauptfiguren und ihre Beziehungen untereinander werden charakterisiert; hierbei sind Blicke auf den historischen Hintergrund sowie auf die Sozialstruktur notwendig. Ferner finden Sie Reflexionen zur **sprachlichen Gestaltung** des Werkes. Die Interpretationen exemplarischer **Schlüsselstellen** liefern Ihnen Beispiele für eine selbstständige Erarbeitung des Textes.

Die Hinweise zur **Rezeption** am Ende des Bandes sind aufgeteilt: Zunächst wird der Wirkung des Stückes auf der Bühne nachgegangen, danach finden Sie eine ausführliche Analyse der Neufassung der *Maria Magdalena,* die der Autor **Franz Xaver Kroetz** eine „Komödie in drei Akten frei nach Friedrich Hebbel" genannt hat. Diese moderne Fassung aus dem Jahre 1972 provoziert die Frage nach der **Aktualität** des von Hebbel aufgeworfenen Themas.

Die **Literaturhinweise** sollen eine vertiefende Beschäftigung mit dem Drama ermöglichen.

Bertold Heizmann

Dr. Bertold Heizmann

Einführung

Hebbels *Maria Magdalena* (1844) mag in doppelter Hinsicht das Vorurteil bedienen, im Deutschunterricht der Oberstufe stünden Texte auf dem Lehrplan, die unzeitgemäß seien: Die Sprache ist in Wortschatz und Syntax veraltet, die Thematik – eine ungewollte Schwangerschaft führt in eine Familientragödie – scheint uns heute nicht mehr zu berühren. Da werden auch die Hinweise zur literarischen Einordnung des Stückes zu wenig überzeugenden Hilfsargumenten des Curriculums: Hebbels Stück bilde mit anderen Dramen wie Lessings *Emilia Galotti* oder Schillers *Kabale und Liebe* eine literarhistorisch relevante Reihe, für die die Literaturwissenschaft die Bezeichnung „**bürgerliches Trauerspiel**" bereithält; es stelle innerhalb dieser Reihe einen Meilenstein dar, indem es das Etikett „bürgerlich" sehr viel eher verdient als die zuvor genannten Dramen, oder es bereite die Dramen des Naturalismus (Hauptmann, Ibsen) vor.

Nichtsdestoweniger wird das Stück heute noch oft auf der **Bühne** gespielt; zudem gibt es eine durchaus erfolgreiche **Neubearbeitung von Franz Xaver Kroetz** (1972), die sich im Gegensatz zum „bürgerlichen Trauerspiel" Hebbels „eine Komödie in drei Akten frei nach Friedrich Hebbel" nennt. Da diese Neufassung die meisten Elemente der Vorlage übernimmt und sie dann in die Gegenwart des späten 20. Jahrhunderts transponiert, ergibt sich erneut die Frage nach der **Aktualität** dieses Zeugnisses kleinbürgerlicher Enge aus dem 19. Jahrhundert.

Kroetz' „Komödie" wurde 1973 erstmals in der Zeitschrift *Theater heute* abgedruckt, zusammen mit einem Essay von Georg Hensel: „Der unterwanderte Hebbel", in dem der Autor die „metaphysische Tragödie Hebbels" gegen die Banalität und Klischeehaftigkeit des Nachfolgers verteidigt.[1] Derselbe Hensel hatte allerdings einige Jahre zuvor (1968), ebenfalls in *Theater heute*, in einer Rezension der Darmstädter Aufführung von Hebbels *Maria Magdalena* konstatiert,

> *daß es mit der direkten Übertragbarkeit der Handlung auf heutige Verhältnisse und Seelenzustände, mit der äußeren Aktualität nicht weit her ist, [wisse] jedermann, und Fragen wie diese drängen sich auf: Welcher Vater drohte ernsthaft, sich die Kehle zu durchschneiden, weil seine Tochter ein uneheliches Kind bekommt? Und welche Tochter stürzte sich in den nächstgelegenen Brunnen, nicht einmal, weil sie ein uneheliches Kind bekommt, sondern weil ihr ruppiger Vater seine Rasiermesserdrohung wahrmachen könnte? Welche Tochter, die Pille im Nachtkastl, kriegt überhaupt noch ein uneheliches Kind, und wenn schon, warum sollte sie sich deshalb umbringen?*[2]

Es scheint fast, als habe sich Kroetz diese Fragen vorgenommen und auf seine Weise beantwortet. Die vorliegende Interpretationshilfe soll helfen aufzuzeigen, dass es sich lohnt, Hebbels *Maria Magdalena* trotz aller Bindung an die damaligen sozialen, moralischen und sexuellen Gegebenheiten auch heute noch zu lesen und das Drama insofern nicht nur als historisches Dokument anzusehen. Obwohl das Stück in Hinsicht auf die Motivierung einzelner Handlungselemente Schwächen aufweist, ist es Hebbel gelungen, die **individuelle Tragik** seiner Hauptpersonen überzeugend darzustellen.

Die Lektüre des Stückes mag im Unterricht zu einer anderen heutigen Thematik hinführen: In zahlreichen in Deutschland lebenden **Familien mit Migrationsgeschichte** finden sich durchaus noch ethische Strukturen, die denen der *Maria Magdalena* ähneln: die Dominanz des Vaters, das Gebot, jungfräulich in die Ehe zu gehen, die Abwehr von Vorgängen, die die „Familienehre" beeinträchtigen u. v. m. Insofern kann, ausgehend von der Besprechung eines scheinbar veralteten Stückes, auch ein integrativer und toleranzfördernder Diskurs zustande kommen.[3]

Biografie und Entstehungsgeschichte

1 Biografischer Hintergrund

„Die primitiven Abdrücke der Dinge sind unzerstörbar und behaupten sich gegen alle späteren, wie weit diese sie auch an sich übertreffen mögen." Dieser Satz findet sich in Friedrich Hebbels Skizze *Aufzeichnungen aus meinem Leben*. Es sind die Abdrücke gemeint, die die frühesten Anblicke, Erfahrungen, Erlebnisse in der Seele des Kindes hinterlassen. Der kindliche Beobachter bringe „von vielen

Objekten vielleicht ewige Typen mit heim, ewig in dem Sinn, daß sie sich im Fortgang des Lebens eher unmerklich bis ins Unendliche recken und erweitern, als sich jemals wieder zerschlagen lassen"; alle Einzelheiten der frühen Kindheit flössen zu einem „ungeheuren Totalbilde" zusammen (*Werke III*, S. 736).

Diese Äußerungen mögen verdeutlichen, welch maßgebliche Rolle die Kindheitserlebnisse für den weiteren Werdegang Hebbels sowie für seine Dichtungen gespielt haben.

Am 18. 3. 1813 – also in dem sogenannten „Dramatikerjahr", in dem auch Georg Büchner und Richard Wagner zur Welt kommen – wird Christian Friedrich Hebbel geboren, und zwar in Wesselburen/Norddithmarschen (Holstein), das damals zur dänischen Herrschaft gehört. Seine Kindheit und Jugend ist geprägt von **äußerster Armut**, die das Leben der kleinen Familie, zu der neben den Eltern auch ein Bruder gehört, insbesondere in den Wintermonaten belastet. Dann hat nämlich der Vater, ein Tagelöhner, keine Arbeit. Diese **Vaterfigur** schildert Hebbel in seinen Erinnerungen schonungslos: Da er, „ein Sklav der Ehe, mit eisernen Fesseln an die Dürftigkeit, die bare Not geknüpft" gewesen sei, habe er „auch die *Freude*" gehasst, und obwohl er eigentlich „ein herzensguter, treuer, wohlmeinender Mann [war], [hatte] die *Armut* die Stelle seiner *Seele* eingenommen" (*Werke IV,* S. 241). Die Mutter, eine frühere Dienstmagd, ist von geringer Geistesbildung – sie kann nicht schreiben –, zeigt aber gegenüber den besonderen Fähigkeiten des älteren Sohnes, der ohnehin ihr Liebling ist, ein intuitives Verständnis, fast schon eine ehrfürchtige Bewunderung; dies führt zwischen den Eheleuten zu gelegentlichen Auseinandersetzungen. So hält der Vater den frühen Zeichenunterricht Friedrichs für Zeitverschwendung, den **Lesehunger** seines Sohnes, der nach seiner Vorstellung hätte Maurer werden sollen, missachtet er.

Im Hause herrscht strenge **Ordnung und Pünktlichkeit**; auch bemüht sich die Familie trotz der Armut um Reinlichkeit. Die Riten des protestantischen Glaubens werden penibel eingehalten. Als einziger Wandschmuck dient ein Kupferstich nach einem Gemälde von William Hogarth: *Der verlorene Sohn.*

Der Junge besucht bereits mit vier Jahren eine sogenannte „**Klippschule**"; dort lernt er früh die Widrigkeiten kennen, die einem Knaben von niederer sozialer Herkunft bereitet werden: Die Erzieherin ist parteiisch; Prügel sind an der Tagesordnung. Aber immerhin lernt er lesen, und bald genießt er es, die Bibliothek des örtlichen Kirchspielvogts nutzen zu können. Gespenstergeschichten, Schauerballaden, Sagen, Märchen, aber auch die Leidensgeschichte Jesu regen seine Fantasie an. In der darauf folgenden **Elementarschule** herrschen pedantische Gewissenhaftigkeit, Pünktlichkeit und Ordnungsliebe; dennoch erweckt der

Unterricht in ihm Liebe und Vertrauen, sogar „Seligkeit" (*Werke III*, S. 737), da er mild und vor allem gerecht abläuft.

Als er 14 Jahre alt ist, stirbt sein Vater. Friedrich wird in der Kirchspielvogtei „**Schreiber**" (von 1827 bis 1835); dort wird er zwar wie ein Bediensteter behandelt und muss am Gesindetisch essen, aber er kann sich dennoch weiterbilden, insbesondere in Geschichte und Geografie, er lernt zur Vorbereitung aufs Gymnasium Latein. Durch die Vermittlung Amalie Schoppes, der Herausgeberin einer Zeitschrift, in der Hebbel einige Gedichte veröffentlichen kann, gelangt er nach **Hamburg**; trotz eifrigen Unterrichts und privaten Studiums wird er jedoch nicht am Gymnasium angenommen. Er befasst sich intensiv mit Literatur und eignet sich eine staunenswerte **Belesenheit** an, verschlingt nicht nur die Werke Lessings, Schillers, Goethes, Jean Pauls, Uhlands und der Romantiker, insbesondere Ludwig Tiecks, der sein Lieblingsdichter wird, sondern auch griechische Tragödien, englische Romane, die philosophischen Schriften Kants, Feuerbachs, Schopenhauers und anderer, historische und naturwissenschaftliche Schriften, Autobiografien und Kriminalgeschichten. Zudem **schreibt er Kritiken** über Kleist und Körner, auch über die zeitgenössische Lyrik. Bald sieht er die Literatur als seinen „Beruf" an und betätigt sich – zunächst noch wenig erfolgreich – in allen denkbaren Gattungen der Dichtung; seiner Förderin Amalie Schoppe schreibt er 1837: „Als die Aufgabe meines Lebens betrachte ich die Symbolisierung meines Innern, soweit es sich in bedeutenderen Momenten fixiert, durch Schrift und Wort" (*HKA, Briefe* I, S. 208).

Ein entscheidendes Erlebnis in Hamburg wird für ihn die Begegnung mit **Elise Lensing**, der Tochter seiner Zimmerwirte. Hebbel, dessen heftiger Geschlechtstrieb ihn schon früh zu Mädchen in seiner Heimat – auch zu Prostituierten – geführt hat, beginnt mit der fast neun Jahre älteren Frau ein **leidenschaftliches Verhältnis**; sie unterstützt ihn bedingungslos mit Geld und Kleidung. Aber obwohl Hebbel, der sich in den Folgejahren nur gelegentlich in Hamburg aufhält, ihr gegenüber von einer „Gewissens-Ehe" spricht, die „die erste und letzte Form aller Ehe" sei, und erklärt, er habe keine „Abneigung" gegen „die kirchliche Sanktionierung meiner Gewissens-Ehe", diese werde „unzweifelhaft geschehen, sobald die Umstände es gestatten" (*Werke V*, S. 598 f.), kommt es nicht zur Verehelichung. Allerdings unterhält er mit ihr in den Folgejahren einen intensiven Briefwechsel, der ihm Halt gibt, und sie unterstützt ihn weiterhin materiell.

Hebbel begibt sich 1836 nach **Heidelberg** und wird dort, obwohl er nie ein Gymnasium besucht hat, aufgrund der Fürsprache wohlmeinender Professoren für das **Studium der Jurisprudenz** eingeschrieben. Er beschäftigt sich aber mehr mit Literatur; um etwas dazuzuverdienen, verfasst er Reiseberichte, Kritiken und journalistische Abhandlungen. Zahlreiche Gedichte entstehen. Im selben Jahr begibt er sich zur Fortsetzung des Studiums nach **München**, zusammen mit seinem Freund Emil Rousseau, den er in Heidelberg kennengelernt hat. Auch die Münchner Zeit ist durch äußerste Geldnot geprägt; sein Studium setzt er zögerlich, seine **literarischen Versuche** dagegen – Gedichte und Prosa – mit zähem Fleiß fort. Er beschäftigt sich eingehend mit Theorie und Praxis der **Tragödie**, sowohl der antiken (Aischylos, Sophokles) als auch der neuzeitlichen (Shakespeare, Schiller), und beginnt mit Vorarbeiten eigener dramatischer Versuche. Abwechslung verschafft ihm die Beziehung zu **Josepha Schwarz**, **genannt „Beppi"**, der Tochter eines Tischlermeisters, der vielfach – neben Hebbels Vater – als Vorbild für den Meister Anton in *Maria Magdalena* angesehen wird. In ihrer Gegenwart wird der sonst so ernste Hebbel heiter und fast übermütig.

Im Jahre 1838 verliert er zwei geliebte Menschen: seine Mutter, der er eigentlich einen Lebensabend in Wohlstand verschaffen wollte, und seinen Freund Emil Rousseau. Da die materielle

Notlage unerträglich wird, macht er sich zu Fuß auf nach Hamburg; dort sorgt erneut Elise für ihn, insbesondere als Hebbel, der zeitlebens unter Erkältungskrankheiten litt, lebensgefährlich an einer Lungenentzündung erkrankt. Im folgenden Jahr verfasst er seine **erste große dramatische Arbeit:** *Judith*, nach der Geschichte von Judith und Holofernes, von der die Bibel berichtet und die er im tragischen Sinne umdeutet: Die Ermordung des Holofernes durch Judith in der Bibel ist für ihn „gemein" und „abscheulich"; bei ihm „wird die That der Judith menschlich [..., da] sie sich *selbst* rächt" (*HKA, Briefe* II, S. 87). Das Manuskript wird gut, teilweise begeistert aufgenommen, und am 6. Juli 1840 findet in Berlin die Uraufführung statt. Der Verleger Campe druckt das Werk, und Campe ist es auch, der eine Gedichtsammlung Hebbels ediert.

Euphorisch wegen des Erfolgs macht sich Hebbel an ein weiteres Projekt, das Drama *Genoveva*, das er innerhalb eines halben Jahres niederschreibt. Die Abfassung geschieht allerdings unter dem Eindruck eines Erlebnisses, das ihn seelisch belastet. Denn er hat sich in die schöne Senatorentochter Emma Schröder verliebt, eine „Erscheinung von wunderbarem Liebreiz", und auch sie erwidert seine Liebe. Da sich aber „nichtswürdige Dinge zwischen sie und [ihn] gestellt" hätten – er meint die Verpflichtung der treu sorgenden Elise gegenüber, die ein Kind von ihm erwartet –, ist es ihm nicht vergönnt, „das höchste Glück der Erde auch einmal [zu kosten]." (*Werke IV*, S. 559 f.) – Trotz allem hält Elise treu zu ihm; der **Sohn Max** wird 1840 geboren.

Ein Lustspiel – *Der Diamant* – entsteht, der wirtschaftliche Erfolg bleibt aber weiterhin aus. Schließlich erhält Hebbel von Campe, dessen Verlagshaus beim großen Hamburger Brand im Mai 1842 verschont blieb, einen Vorschuss, der ihn instand setzt, nach **Kopenhagen** zu reisen. Dort empfängt ihn, auf Vermittlung eines Hamburger Freundes, König Christian VIII., der seine Werke gelesen hat; Hebbels Plan, von dem König auf einen

Lehrstuhl an der Universität Kiel berufen zu werden, scheitert jedoch. Auf Bitten eines Fürsprechers zeigt sich der König schließlich bereit, ein **Reisestipendium** zu gewähren; die Bewilligung und Auszahlung zögert sich aber quälend lange hin. Hebbel liegt krank darnieder; dennoch beginnt er auf dem Krankenlager ein neues Stück: *Maria Magdalena*.

Im Frühjahr 1843 bessert sich sein Gesundheitszustand, außerdem wird ihm endlich das ersehnte Stipendium – für zwei Jahre – bewilligt. Hebbel kehrt nach Hamburg zu Elise zurück, begibt sich dann aber bald auf **Reisen**, zunächst nach Paris, wo er Arnold Ruge, einen Mitstreiter Karl Marx', sowie Heinrich Heine kennenlernt. Obwohl er sich mit beiden anfreundet, bleiben ihm die Ideen des Kommunismus fremd. Im Dezember schließt er *Maria Magdalena* ab; während der Arbeit an dem neuen Trauerspiel setzt er sich in einer Streitschrift auch theoretisch mit der dramatischen Literatur auseinander (*Mein Wort über das Drama*). Diese Schrift reicht er, zusammen mit dem Vorwort zu *Maria Magdalena*, an der Universität Erlangen als Dissertation ein und erhält daraufhin den **Doktortitel**. Damals erreicht ihn die Nachricht, dass sein Söhnchen Max gestorben ist; dennoch kehrt Hebbel nicht zu Elise zurück, die wieder von ihm schwanger ist. Den im Mai 1844 geborenen **Sohn Ernst** (gestorben 1847) wird er nie kennenlernen. Auch die Briefe an Elise werden nach und nach seltener; er hat sich innerlich von ihr getrennt. Ihr Angebot, ihn weiterhin finanziell zu unterstützen, wenn er sie denn heirate, weist er brüsk zurück, ja er kündigt der Frau, der er seine ganze bisherige Karriere verdankt, die Freundschaft auf.

Von Paris reist er weiter nach **Italien**. In Rom, das ihn wenig beeindruckt, schließt er sich einer deutschen Künstlerkolonie an, zu der auch der Maler Peter Cornelius zählt; mit einigen Freunden besucht er Neapel, Pompeji und den Vesuv. In Neapel hört er eine Geschichte, die er später unter dem Titel *Ein Trauer-*

spiel in Sizilien zu einem Drama ausarbeitet. Mit dem Geld aus dem dänischen Stipendium geht er jetzt leichtfertiger um, sodass er bald wieder mittellos dasteht und Schulden machen muss. Literarische Erfolge bleiben aus; die *Maria Magdalena* wird zwar vielfach gelobt, aber wenig aufgeführt, und ein neues Stück, *Moloch*, in das er große Hoffnungen setzt, will nicht recht vorankommen. Die Gedichte, die er dem Verleger Campe schickt, legt dieser achtlos zur Seite. Erneut bricht Hebbel auf, die Reise geht jetzt nach **Wien**. Dort findet er zahlreiche Verehrer vor; da der Intendant des Burgtheaters ihn aber ignoriert, plant er die Weiterreise nach Berlin oder Prag. Als er jedoch mit der Burg-

schauspielerin **Christine Enghaus** bekannt gemacht wird, ändert er seinen Entschluss. Schon bald wird er mit ihr intim, verlobt sich bereits beim vierten Besuch mit ihr und **heiratet** sie im Mai 1846. Ihr festes Engagement macht auch ihn jetzt finanziell freier. Freimütig gesteht er, seine Frau zwar zu lieben, sie aber nur deshalb geheiratet zu haben, weil „der Druck des Lebens so schwer über [ihm] geworden" war (*Werke IV,* S. 810). Mit

Hebbels Frau Christine Enghaus

Christine, deren unehelichen Sohn Karl er adoptiert, hat er **zwei Kinder:** einen Sohn, der als Kleinkind stirbt, und die Tochter Christine, genannt Titi (geboren 1847).

Mit dem *Trauerspiel in Sizilien* und der Tragödie *Julia* schließt Hebbel nach eigenem Bekunden eine „Entwicklungsepoche" ab. Die Werke dieser Epoche seien „vulkanisch und blutig, aber das Feuer, wie düster auch immer, ist echt und das Blut [...] ist mein eignes" (*HKA, Briefe* VIII, S. 47). Die späteren Stücke stellen die Gedanken der Versöhnung und der Zukunftshoffnung in den Mittelpunkt. Die Ursache für diesen Wandel sieht Hebbel selbst in seiner jetzigen familiären Situation, die ihn mit Zufriedenheit und Glück erfüllt. Mit Elise Lensing ist er im Reinen: Sie besucht, nach dem Tod des zweiten Söhnchens Ernst 1847, das Ehepaar Hebbel in Wien und bleibt dort – als „Cousine" des Dichters – ein Jahr, freundet sich mit Christine an und kümmert sich auch später, als sie wieder nach Hamburg zurückkehrt, um Hebbels Stiefsohn Karl, der bis zum Tod seiner Ziehmutter 1854 in Hamburg bleibt.

Hebbel ist in dieser Zeit überzeugt, in einer Epoche des Umbruchs, des Übergangs, zu leben. Diese Auffassung findet neue Nahrung durch die **März-Revolution des Jahres 1848**. Hebbel begrüßt, in der Hoffnung auf liberalen Fortschritt, die Heraufkunft einer neuen Zeit und betätigt sich als **politischer Journalist** – eine Tätigkeit, die ihm Drohungen und sogar Mordanschläge einbringt. Er kandidiert, wenn auch erfolglos, für das Parlament; seine politische Zielvorstellung bleibt ein deutschösterreichischer Bundesstaat in der Form einer konstitutionellen Monarchie. Da er sich aber weder ganz auf die Seite der Konservativen noch auf die Seite der Linken zu stellen vermag, bleibt er politisch isoliert und wirkungslos. Er wendet sich wieder der Dichtkunst zu; erneut sind es historisch-mythische Stoffe, die ihn anziehen und die er dramatisiert: *Herodes und Mariamne* (1848), *Agnes Bernauer* (1851), *Gyges und sein Ring* (1853/54), und 1855 beginnt er mit dem monumentalen Werk *Die Nibelungen*, das er 1860 abschließt.

Hebbels Position am Wiener Theater verbessert sich jedoch nicht nachhaltig. Die Märzrevolution hatte die Freiheitsideen befördert; jetzt, in der Reaktion, wird Hebbel sowohl politisch wie persönlich vielfach abgelehnt, so von den bedeutendsten österreichischen Dramatikern Franz Grillparzer und Heinrich

Laube sowie von dem geistigen Führer des „Jungen Deutsch-land", Karl Gutzkow. Das negative Urteil Laubes ist insofern für Hebbel vernichtend, als sein Gegner zu dieser Zeit das Burg-theater leitet und Christine Enghaus-Hebbel mit kleinen Neben-rollen abspeist. *Gyges und sein Ring* wird erst lange nach Hebbels Tod an der Burg gebracht, und die *Nibelungen* erleben ihre Ur-aufführung – mit Christine – in Weimar. Auch die Freundschaf-ten zu dem Journalisten Sigmund Engländer und dem Literatur-wissenschaftler Emil Kuh, der später Hebbels erster Biograf wird, sind zeitweise starken Belastungen ausgesetzt. Hebbel denkt oft daran, Wien zu verlassen und sich in Weimar nieder-zulassen; da er aber 1855 ein Haus in Gmunden erwirbt, hat er dort eine Zuflucht in den Sommermonaten. Auf seinen Reisen genießt er seine Berühmtheit als ein Erlebnis, das ihm in Wien vorenthalten wird; er lernt u. a. Eduard Mörike und Arthur Scho-penhauer kennen, mit denen er sich intensiv austauscht. Am häufigsten hält er sich in **Weimar** auf; dort ist er, der Sohn eines armen Häuslers, zeitweise Gast des Großherzogs.

Im März 1863 erkrankt Hebbel, der zeitlebens eine starke Disposition zu Erkältungen hat und unter Gliederschmerzen leidet, die ihn in zunehmendem Alter sogar bettlägerig machen, an einem heftigen **Rheumatismus-Schub**. Er versucht noch im Krankenbett, seine Tragödie *Demetrius* fertigzustellen, vollendet aber nur den vierten Akt. Hebbel stirbt am 13. Dezember 1863 in Wien. Der Sektionsbefund vermeldet als Todesursache eine „hypostatische Pneumonie", also eine Lungenentzündung nach langem Krankenlager.

2 Entstehungsgeschichte

Über die Entstehung seines Märchenspiels *Der Rubin* (1849)
berichtet Hebbel, die Erfindung des Stoffes sei „wie ein Blitz"
gekommen und habe ihn „ungerufen" getroffen (*HKA, Werke
III,* S. IX). Ähnliches gilt für sein bürgerliches Trauerspiel *Maria
Magdalena.* Er beginnt mit der Niederschrift auf dem **Krankenlager in Kopenhagen,** vom Fieber geschüttelt und vom Rheu-
matismus gequält; wenn er dichte, vertraut er dem Tagebuch an,
dann sei er auch im kalten Zimmer „unempfindlich für äußere
Einflüsse, obgleich die innere Erhitzung meistens mit einem
Schnupfen endet" (12. 12. 1843; *Werke IV,* S. 608). Den Tropfen,
die ihm ein Arzt verordnet, schreibt er eine wundersame Wirkung zu: „kaum hatte ich die Tropfen im Leibe, als mein so lange
trocknes Gehirn Funken zu sprühen anfing, aber ich habe das
Meiste festgehalten und gestern und heute auch zum Theil
schon aufgeschrieben. Mir geht es […] immer so, daß mein inne-
res Leben in krankhaften Zuständen nicht abnimmt, sondern
sich steigert" (*HKA, Briefe II,* S. 227).
   Den Stoff gewinnt Hebbel in diesem Fall nicht aus der Geschichte oder der Bibel, sondern aus eigenem Erleben, nämlich
dem Liebesverhältnis zu Beppi, der Tochter des Tischlermeisters
Anton Schwarz, bei dem sich Hebbel seit 1836 eingemietet
hatte. Am Ende seiner Münchner Zeit fasst Hebbel offensichtlich den Entschluss, die Erlebnisse zu einem Trauerspiel zu
verarbeiten. Der Name der Hauptperson steht schon fest: „**Klara
dramatisch**" heißt es in einer lakonischen Tagebuchnotiz von
1839 (*Werke IV,* S. 286), und auch das zentrale Thema klingt
bereits an: „Durch Dulden Tun: Idee des Weibes" (ebd.). Ende
1841 schreibt er, dass neue Werke, darunter „das bürgerliche
Trauerspiel Klara", stark in ihm „rumoren" (*Werke IV,* S. 453).
Aber erst in Hamburg und dann in Kopenhagen entstehen 1843
mehrere Szenen des Stückes, das weiterhin zunächst *Klara* hei-

ßen soll. Möglicherweise hat die Mutterschaft Elises ihm einen weiteren Impuls gegeben. Zudem beschäftigt er sich in dieser Zeit intensiv mit früheren sogenannten „bürgerlichen Trauerspielen", etwa Lessings *Miss Sara Sampson* und *Emilia Galotti* sowie Schillers *Kabale und Liebe* und anderen Dramen des Sturm und Drang, darunter Friedrich Maximilian Klingers *Das leidende Weib*. Eine beinahe beiläufige briefliche Bemerkung gegenüber Elise gibt einen treffenden Einblick in seine Schaffensweise: „Höchst gespannt bin ich, wie sich mein Meister Anton im Trauerspiel weiter entwickeln wird, bis jetzt ists ein prächtiger Kerl" (*Werke V*, S. 566). Der Fort- bzw. Ausgang des Dramas steht also noch nicht in allen Zügen fest; es scheint, als wolle der Autor sich von seiner eigenen Intuition überraschen lassen. Dazu passt auch die briefliche Feststellung gegenüber Elise vom 26. 3. 1843, er beabsichtige, „wieder eine neue Welt" zu schaffen – er meint dies in Bezug auf seine bisherigen Stücke; vom ersten Akt ist er selbst überzeugt (er ist „mir gelungen, wie je Etwas"). In diesem Brief finden sich die berühmt gewordenen Sätze: „Der Meister Anton, ein *Held* im *Kamisol* [veraltet für: Oberteil, Weste], der, wie er sagt, die ‚Mühlsteine als Halskrausen trägt, statt damit in's Wasser zu gehen', gehört vielleicht zu meinen höchsten Gestalten." Das im Entstehen begriffene Stück sei „*von niederschmetternder Gewalt*, bei alledem voll *Versöhnung*, aber freilich nicht zur Befriedigung des kritischen *Pöbels*. Mich selbst erschüttert diese Klara gewaltig, wie sie aus der Welt herausgedrängt wird." (*HKA, Briefe I*, S. 455)

Während der Arbeit an dem neuen Stück erhält er die Nachricht vom Tod seines Sohnes Max; ihn erfassen Gewissensbisse, dass er sich, als sein Sohn mit dem Tod kämpfte, über manch gelungene Szene freute. Kurzzeitig überlegt er, das Drama als „Todten-Opfer" (*HKA, Briefe I*, S. 505) unvollendet zu lassen; da aber nur noch zwei Szenen fehlen und er zudem der Überzeugung ist, das Stück sei ihm „sehr gelungen, es [habe] sich zu einer Höhe gesteigert, die ich kaum ahnte, als ich anfing" (ebd.), schließt er es dann doch ab und vermeldet am 4. 12. 1843 die **Fertigstellung**. Ihn beflügelt zusätzlich der Wunsch der berühmten Schauspielerin Auguste Stich-Crelinger, die schon die *Judith* auf der Bühne vergegenwärtigt hatte, die Rolle der Klara zu spielen. Ihr schickt er deshalb eine Reinschrift des Manuskripts zu; jetzt verwendet er den Titel *Maria Magdalena*, fügt aber die Gattungsbezeichnung „Ein bürgerliches Trauerspiel" hinzu, um den Eindruck zu vermeiden, er habe ein weiteres biblisches Thema aufgegriffen. Die Reaktion der Schauspielerin ist allerdings enttäuschend; sie hat moralische Bedenken, und auch die Generalintendantur in Berlin lehnt eine Aufführung ab. Dennoch ist der Verleger Campe bereit, das Stück zusammen mit der Vorrede zu drucken; Hebbel erhofft sich eine stärkere Wirkung dadurch, dass er es untertänigst **dem dänischen König widmet**. Da die dafür einzuholende Erlaubnis aus Kopenhagen lange ausbleibt, erscheint das Drama schließlich im Herbst 1844 zwar mit der Widmung, aber ohne die königliche Genehmigung. Daraufhin verfügt der verärgerte König trotz eines unterwürfigen Entschuldigungsschreibens Hebbels die Streichung der zuvor in Aussicht gestellten Auszahlung des zweiten Reisestipendiums.

In der Zeit zwischen der Fertigstellung des Manuskripts und der Veröffentlichung verfasst Hebbel in seiner Vorrede, ferner in Briefen und Tagebuchnotizen, **zahlreiche Kommentare** zu seinem „bürgerlichen Trauerspiel", die für die Interpretation von Bedeutung sind.

Inhaltsangabe

I. Akt

Die Eingangsszene führt die Hauptperson des Stückes, Klara, im Gespräch mit ihrer Mutter ein. Das Gesprächsthema erweist sich als verfänglich: Die Mutter, gerade von einer schweren Krankheit genesen, hat zum Erstaunen der Tochter ihr Hochzeitskleid herausgeholt, das sie ansonsten nach ihrer Hochzeit nicht mehr anziehen wollte, da es nicht mehr Braut-, sondern Leichenkleid sei. Sie begründet ihren Gesinnungswandel damit, an der himmlischen Pforte zurückgewiesen worden zu sein, weil ihr Feierkleid noch nicht „fleckenlos und rein" genug sei. Jetzt trage sie es, weil es sie an den Tag erinnere, an dem sie die frömmsten Vorsätze ihres Lebens gefasst habe und sie an diejenigen mahne, die sie noch nicht gehalten habe. Die Reaktionen der Tochter verraten Besorgnis: Sie scheint nicht an die völlige Genesung der Mutter zu glauben.

Die Szene dient zugleich dazu, die Mitglieder der kleinen Familie zu nennen: Die Mutter spricht sowohl von ihrem Sohn als auch von ihrem Mann. Die Rede verrät zudem einiges über das Binnenverhältnis in der Familie (vgl. *Interpretationshilfe*, S. 41).

Der Sohn Karl tritt in der nächsten Szene auf, prahlt mit einer goldenen Kette, geht aber gleichzeitig seine Mutter um Geld an. Dies wird ihm verweigert. Die Mutter bringt nach Karls Weggang Leonhard ins Spiel, der offensichtlich Klaras Verehrer oder Verlobter ist und der sich lange nicht mehr habe blicken lassen; sie ignoriert Klaras ablehnendes Verhalten. Einen an der Tür abgegebenen Blumenstrauß hält die Mutter für ein Geschenk Karls. Sie begibt sich anschließend zum Gottesdienst in die Kirche, dabei geht sie am Friedhof vorbei. – Klara beobachtet sie vom Fenster aus und wird erschrocken eines Totengräbers gewahr; dies hält sie für ein böses Omen. Sie äußert Gewissensbisse, deren Ursache noch verborgen bleiben; jedenfalls wäre sie niemals mehr „ruhig geworden", wenn ihre Mutter verstorben wäre, und sie dankt dem barmherzigen Gott, dass die Mutter noch lebt.

Der leichtlebige Karl (Jörg Kleemann) kann weder die Erwartungen seiner Mutter (Ruth Reinecke) erfüllen noch eine Stütze für Klara (Anika Baumann) sein. Aufführung am Berliner Maxim Gorki Theater 2007

Nach und nach werden die Gründe für Klaras Seelenpein deutlich. Leonhard kommt zu Besuch; er erklärt sein längeres Fernbleiben mit der Krankheit der Mutter, zugleich möchte er bei Klaras Vater um die Hand der Tochter anhalten. Dies könnte Klara eigentlich recht sein, denn wie – recht durchschaubare – Anspielungen verraten, hat sie sich mit Leonhard eingelassen. Dieser hatte ein Unterpfand der Treue von seiner Verlobten verlangt, da in der Zwischenzeit eine Jugendliebe Klaras, ein Sekretär, wieder in der Kleinstadt erschienen ist und in Leonhards Augen einen Konkurrenten darstellt. Jener sexuelle Kontakt hat dazu geführt, dass Klara von Leonhard schwanger ist, was sie bislang ihren Eltern verheimlicht hat. Nur eine schnelle Heirat mit dem Verursacher könnte ihre Schande, ein uneheliches Kind zu bekommen, verhindern. Es ist ihr jedoch zwischenzeitlich klar geworden, was für ein berechnender Mensch Leonhard ist; sie vermag ihn nicht zu lieben. Als sie von jenem unseligen Liebesabenteuer nach Hause kam, hatte sie ihre Mutter todkrank vorgefunden; sie glaubt einen Zusammenhang zwischen ihrem Fehlverhalten und der Erkrankung der Mutter zu erkennen. Klaras Bedenken, dass der Vater die Werbung Leonhards um ihre Hand nicht akzeptieren könnte, da dieser noch keinen Brotberuf habe, wischt Leonhard beiseite, indem er berichtet, er habe die erstrebte Stelle als Kassierer erhalten. Allerdings prahlt er damit, wie es ihm mithilfe von Betrügereien gelungen sei, den eigentlich vorgesehenen und besser geeigneten Konkurrenten auszustechen. Er merkt auch nicht – oder es ist ihm gleichgültig –, wie verabscheuungswürdig sein Verhalten auf Klara wirken muss.

Es kommt zu dem Gespräch zwischen Leonhard und Klaras Vater, Meister Anton. Dieser ergeht sich zunächst in Tiraden über den – aus seiner Sicht – missratenen Sohn; als Leonhard dann auf sein eigentliches Anliegen, nämlich die Frage nach der Mitgift, zu sprechen kommt, stellt Meister Anton klar, dass er die in Rede stehenden tausend Taler nicht mehr besitzt: Er hat seinem alten Lehrmeister, dem er seine bürgerliche Existenz zu verdanken hat, diese tausend Taler gegeben, als jener sich in einer verzweifelten Lage befunden hatte, und da dies „ganz in der Stille" geschah (anders hätte der Alte das Geld nicht angenommen), ist das Geld jetzt, nach dessen Tod, verloren.

Die Mutter tritt, immer noch im Hochzeitskleid, hinzu. Während sie sich mit ihrem Mann über das seltsame Gebaren des neuen Totengräbers unterhält, liest Leonhard in der Zeitung, die kurz zuvor von Klara hereingereicht worden ist, von einem Juwelendiebstahl bei dem Kaufmann Wolfram. Antons Verdacht fällt sofort auf seinen Sohn Karl, denn der hat bei eben jenem Kaufmann vor Kurzem noch gearbeitet. Es kommt zu einer Auseinandersetzung zwischen den Eltern, da die Mutter Antons Verdächtigung empört zurückweist. Kurz darauf treten allerdings Gerichtsdiener ein, die von der Verhaftung Karls wegen Juwelendiebstahls berichten und eine Hausdurchsuchung vornehmen wollen. Diese Nachricht, die den Verdacht des Vaters zu bestätigen scheint, ist zu viel für die Mutter; sie fällt um und stirbt. Leonhard sieht in dem Vorgang einen Vorteil für sich: Wie sich zeigen wird, kann er die Verhaftung des Bruders seiner Verlobten zum Vorwand nehmen, von der Verlobung Abstand zu nehmen, da ihm ohnehin keine Mitgift mehr in Aussicht steht. Noch während Meister Anton sich mit Adam, dem einen der beiden Gerichtsdiener, der ihn wegen einer Beleidigung hasst, auseinandersetzt und den Sohn als „Muttermörder" bezeichnet, erhalten sie einen Brief Leonhards, in dem dieser sich von Klara lossagt. Anton, der Leonhard für einen „Lump" hält, kann dies nur recht sein; als Klara jedoch gesteht, sie könne nicht von ihm lassen, weckt dies in Anton einen fürchterlichen Verdacht, der, sollte er zutreffen, auch ihn töten würde, und den Klara nur dadurch zu besänftigen vermag, dass sie an der Leiche der Mutter schwört, dem Vater nie Schande zu machen. Die beiden Gerichtsdiener haben keinen Beweis für das mutmaßliche Vergehen des Sohnes gefunden, dennoch erwartet der Vater ein öffentliches Spießrutenlaufen.

II. Akt

Der zweite Akt beginnt mit einem ausführlichen Gespräch zwischen Meister Anton und seiner Tochter. In seiner Verbitterung wiederholt Anton Klara gegenüber die Drohung, sich das Leben zu nehmen, falls auch sie ihm Schande bereiten sollte. Klara versucht – mit Recht – darauf hinzuweisen, dass Karls Schuld noch nicht bewiesen sei und er deshalb als unschuldig zu gelten habe. Meister Anton malt sich aus, wie er in diesem Fall juristisch gegen diejenigen angehen würde, die die falsche Anschuldigung in die Welt gesetzt hätten, kommt aber sogleich zu dem Schluss, dass dieser Fall nicht eintreten werde, so sehr ist er von der Schuld des Sohnes überzeugt. Er betont Klara gegenüber erneut, alles ertragen zu können, nur die Schande nicht. Er beschließt, den alten Holzhändler im Gebirge aufzusuchen, der wegen seiner Taubheit noch nichts von der Schande gehört haben kann.

Die alleingelassene Klara wünscht sich den Tod – dem Vater sei anders nicht zu helfen. In dieser Situation tritt der Kaufmann Wolfram auf und bekennt, der Schmuck habe sich wiedergefunden, seine geistig verwirrte Frau hatte ihn versteckt. Er bedauert zwar die falsche Bezichtigung, die ja auch mittelbar den Tod der Mutter verursacht hat, glaubt sich aber – auch nachträglich – im Recht, dem Gerichtsdiener Adam den Verdacht gegenüber Karl mitgeteilt zu haben; dass dieser in seinem Hass auf Meister Anton gierig die Gelegenheit ergriff, seinem Widersacher zu schaden, will er nicht verantworten. Klara ist froh, Karl unschuldig zu wissen, wird sich aber zugleich des Geschicks bewusst, jetzt die Einzige zu sein, die dem Vater Schande bereiten wird.

Friedrich, jener Jugendfreund Klaras, der nach erfolgreichem Studium die Stelle eines Sekretärs in seiner Heimatstadt angetreten hat, tritt ein, um die gute Nachricht von Karls Unschuld zu überbringen. Seine anfängliche Verlegenheit

„Klara, werde mein Weib!" – Der Sekretär (Daniel Flieger) liebt Klara (Judith Bohle) noch immer; Aufführung am Theater Augsburg 2011

gegenüber Klara, die er immer noch liebt, lässt ihn allerlei Belangloses über sein Studium, die Studienkollegen, aber auch über das Wetter erzählen. Die Zurückhaltung Klaras erklärt er sich aus dem – ihm unbegreiflichen – Umstand heraus, dass Klara sich verlobt hat, und zwar ausgerechnet mit Leonhard, von dem er nichts hält. Die aufs Äußerste verwirrte Klara bekennt ihm gegenüber ihre Liebe; sie habe sich nur auf äußeren Druck hin sowie aus Trotz heraus mit Leonhard verlobt, weil die Jugendliebe nichts mehr hatte von sich hören lassen. Der Sekretär glaubt wegen dieses Bekenntnisses, Klara könne das Verlöbnis lösen, und fühlt sich in seiner Annahme bestätigt, als er den Brief, in dem sich Leonhard „mit Rücksicht auf sein Amt" von der Familie des Tischlers lossagt, zu lesen bekommt. Als Klara aber wiederholt, sie müsse dennoch zu Leonhard und ihn anflehen, sie zu nehmen, versteht der Sekretär Klaras Not. In einer ersten Reaktion äußert er enttäuschte Betroffenheit, erkennt aber sofort Klaras Edelmut: Eine andere hätte die Gelegenheit, sich so einfach aus der Affäre zu ziehen und einem andern Mann das Kind unterzuschieben, listig angenommen. Er beschließt, Leonhard zum Duell zu fordern. Klara jedoch hat nur sein Wort der Enttäuschung im Ohr; für sie kommen lediglich zwei Wege infrage: Entweder nimmt Leonhard sie, oder sie muss den Freitod wählen.

III. Akt

Der dritte Akt beginnt mit einem Monolog: Leonhard bedauert zwar Klara wegen jenes „verfluchten Abends", mehr noch jedoch sich selbst wegen der zu erwartenden Unannehmlichkeiten. Als eine solche „Unruhe" sieht er die eintretende Klara an, die ihm seinen Brief zurückbringen möchte und ihn anfleht, sie zu heiraten, weil der Vater sich ansonsten umbringen würde. Obwohl er einsehen muss, dass sein Grund – Karls Diebstahl – entfallen ist, benutzt er Klaras Angebot, ihm als Ehefrau wie eine

Sklavin untertänig zu sein, als willkommenen Anlass, ihr Ansinnen aus moralischen Gründen abzuschlagen. Die Selbstmordabsichten des Vaters nimmt er nicht ernst. Er benutzt ein formales Argument – Klara habe nicht rechtzeitig gegen seinen Brief Einspruch eingelegt – und verweist letztlich darauf, dass der alte Tischler schließlich selbst an seiner, Leonhards, Absage schuld sei, denn Anton habe die Aussteuer seiner Tochter weggeschenkt. Außerdem hat er in der Zwischenzeit die Tochter des Bürgermeisters umgarnt, die zwar körperlich missgestaltet ist, ihm aber für seine Karriere nützlich erscheint. – Dies ist zu viel für Klara. In bitterer Selbstironie „dankt" sie Leonhard, dass sein Verhalten ihr den Freitod erleichtern würde. Dieser glaubt nicht, dass sie dazu imstande ist, und erinnert sie zynisch daran, sie könne nicht Selbstmörderin werden, ohne zugleich Kindsmörderin zu werden. Aber Klaras Entschluss steht fest – beides ist ihr lieber, als Vatermörderin zu sein.

Leonhard befindet sich nach Klaras Weggang noch im Zweifel, ob er den „verrückten Streich", als den er ihre Absicht bezeichnet, nicht durch einen eigenen „Streich" verhindern kann, indem er sie doch heiratet; da aber betritt der Sekretär mit zwei Pistolen sein Zimmer und zwingt den widerstrebenden Leonhard dazu, ihm in den Wald zu einem Duell zu folgen.

In der Zwischenzeit ist Karl nach Hause gekommen, findet aber niemanden vor. Er ruft nach Klara und der Mutter; erst jetzt fällt ihm ein, dass die Mutter ja gar nicht mehr lebt. Als Klara eintritt, hat sie immer noch den Brief Leonhards in der Hand. Karl empört sich über den Inhalt und will den Verfasser verprügeln; mehr noch gilt sein Zorn dem Gerichtsdiener, der ihn gedemütigt hat: Er redet davon, ihn umbringen zu wollen und anschließend auf einem Schiff anzuheuern, um der Enge seines Zuhauses endgültig zu entfliehen. Insbesondere lässt er seinem Unmut über den dominanten und „überklugen" Vater freien Lauf. Die Not seiner Schwester erfasst er nicht, so sehr ist er von seinen Freiheitsplänen eingenommen. Er bittet sie um ein Glas frisches Wasser, und als sie schnell bereit ist, zum nahen Brunnen zu gehen, erkennt er somit nicht, dass sie sich hineinstürzen will, um ihren Freitod als Unfall erscheinen zu lassen; er warnt sie sogar vor dem losen Brett über dem Brunnen.

Duell wider Willen: Der Sekretär (Gernot Grünewald, re.) fordert Leonhard (Peter Wolf) heraus. Aufführung am Deutschen Schauspielhaus Hamburg 2007.

In einem letzten Gespräch zwischen Karl und dem eintretenden Vater werden noch einmal die unüberbrückbaren Differenzen zwischen den beiden deutlich. Der Vater nimmt Karls Entschluss zwar hin, glaubt aber nicht daran, dass er irgendwann einmal Gelegenheit dazu haben wird, auf seinen Sohn stolz zu sein. Karls Absicht, den unverschämten Gerichtsdiener zu „bezahlen" – also umzubringen –, verurteilt er aus Gründen der formalen Gerechtigkeit aufs Schärfste, obwohl er Karls Motiv, die der Familie zugefügte Schande, durchaus versteht. – Die Schlussszene führt das Geschehen dramatisch zugespitzt zu Ende. Der Sekretär tritt „bleich und wankend" ein; aus seinen Reden wird deutlich, dass er Leonhard im Duell erschossen hat, selbst aber auch – offensichtlich tödlich – getroffen worden ist. Er versucht, von Meister Anton das Versprechen zu erlangen, seine Tochter nicht zu verstoßen. Dieser merkt aus den Wortfetzen des Sekretärs, dass sein ursprünglicher Verdacht berechtigt war und verweigert den Handschlag. Hierdurch wird wiederum dem Sekretär der Grund für Klaras verzweifeltes Verhalten bewusst. Die Ereignisse überschlagen sich: Karl stürzt herein und berichtet, jemand liege im Brunnen; alle Beteiligten ahnen, dass es Klara sein muss. Die erste Reaktion des Vaters ist Erleichterung: Sollte seine Tochter durch einen Unfall ums Leben gekommen sein, würde niemand von der „Schande" erfahren. Aber Klara ist laut einer Augenzeugin nicht in den Brunnen gefallen, sondern absichtlich hineingesprungen. Der sterbende Sekretär beschuldigt sich selbst, das Ausmaß von Klaras Elend nicht richtig eingeschätzt zu haben; stärker aber noch wirft er Meister Anton vor, am Tod seiner Tochter schuldig zu sein, weil er nicht seinem Herzen gefolgt sei, sondern sie aus Furcht vor sozialer Ächtung in jenen unseligen Zwiespalt getrieben habe. Aber selbst jetzt noch siegt die Selbstgerechtigkeit des Alten, ja er macht seiner Tochter sogar den Vorwurf, ihm „nichts erspart" zu haben. Seine letzten Worte verraten seine Rat- und Verständnislosigkeit.

Textanalyse und Interpretation

1 Das „bürgerliche Trauerspiel"

Die Erstausgabe des Stückes (1844) trägt den Untertitel: „Ein bürgerliches Trauerspiel in drei Akten". In einem Brief an die Schauspielerin Auguste Stich-Crelinger, die bereits seine Judith auf der Bühne verkörpert hatte und der er gerne die Rolle der Klara anvertrauen wollte, führt Hebbel aus:

> *Der Titel, unter dem ich es [das Stück] drucken lasse und die Heldin in den von Judith und Genoveva eröffneten Frauen-Kreis einführen werde, ist Maria Magdalena, da dieser symbolische Titel jedoch zu Mißverständnissen Anlaß geben könnte, so habe ich [...] für's Erste den allgemeinen: ein bürgerliches Trauerspiel! gesetzt* (EuD, S. 63).

Die Zuschauer sollten also von vornherein wissen, dass es Hebbel nicht – wie bei Judith – um die biblische Figur ging. Im Weiteren stellt er die Besonderheit seines Trauerspiels heraus und rechnet mit den bisherigen Beispielen dieser Gattung ab:

> *Wenn dies Stück [...] ein partielles Verdienst hat, so dürfte es darin liegen, daß hier das Tragische nicht aus dem Zusammen-stoß der bürgerlichen Welt mit der vornehmen, woraus freilich in den meisten Fällen auch nur ein gehaltloses Trauriges hervor geht, abgeleitet ist, sondern ganz einfach* **aus der bürger-lichen Welt selbst**, *aus ihrem zähen u[nd] in sich selbst be-gründeten Beharren auf den überlieferten patriarchalischen Anschauungen und ihrer Unfähigkeit, sich in verwickelten La-gen zu helfen* (ebd.).

Und in sein Tagebuch schreibt er am 4. 12. 1843:

> *Es war meine Absicht, das bürgerliche Trauerspiel zu regenerie-*
> *ren und zu zeigen, dass auch im eingeschränktesten Kreis eine*
> *zerschmetternde Tragik möglich ist, wenn man sie nur aus den*
> *rechten Elementen, aus den diesem Kreise selbst angehörigen,*
> *abzuleiten versteht* (*EuD*, S. 59).

Hebbel sieht sich also in einer **literarischen Tradition**, die er jedoch „regenerieren" will, ihr also eine neue Richtung zu geben beabsichtigt. Auf diese Tradition soll deshalb kurz eingegangen werden.

Der Konflikt zwischen dem Bürgertum und den übergeordneten Ständen ist erst im Zuge der **Aufklärung** – insbesondere durch die **Idee der Gleichheit** – in der dramatischen Literatur ein Thema geworden. Das aufstrebende Bürgertum erkämpfte sich nicht nur Rechte, sondern wurde sich auch mehr und mehr der moralischen Überlegenheit über den Ersten und Zweiten Stand bewusst. Eines der ersten und zugleich wirkungsmächtigsten Beispiele für diese Entwicklung ist *Emilia Galotti* von **Gotthold Ephraim Lessing** (1772). Die Handlung spielt zwar in Italien, ist aber deutlich auf die deutsche Situation gemünzt. Die Titelheldin, Tochter eines wohlhabenden Bürgers, wird von dem Prinzen eines Kleinstaates begehrt; um ihre Tugend zu retten, weiß sie keinen anderen Ausweg, als ihren Vater aufzufordern, sie zu töten. Obwohl die Zuneigung des Prinzen echt zu sein scheint, hätte Emilia aus Standesgründen allenfalls die Mätresse des Landesherrn werden können. Einen Schritt weiter geht **Friedrich Schiller** in seinem Trauerspiel *Kabale und Liebe* (ursprünglich: *Luise Millerin*, 1784). Er stellt ebenfalls den Adel und dessen moralische Verworfenheit dem Bürgertum und dessen Tugenden gegenüber; allerdings liebt der adlige Ferdinand die kleinbürgerliche Luise aufrichtig. Eine Verbindung der beiden wäre gegebenenfalls möglich gewesen, wenn beide aus dem Kleinstaat geflohen wären (etwa nach Amerika); sie scheitert jedoch an den titelgebenden Kabalen (Intrigen).

Hebbel dagegen kann völlig auf den Konflikt zwischen den Ständen verzichten. Seine „Regeneration" des bürgerlichen Trauerspiels soll heißen, dass die Tragik nicht mehr aus dem Konflikt zwischen Bürgertum und Adel erwächst, sondern aus den **Konflikten innerhalb des Bürgertums selbst**. Die Wertmaßstäbe des Bürgers heben sich nicht mehr positiv von denen des Adels ab, sie haben sich verselbstständigt und sind brüchig geworden. Wie noch zu zeigen sein wird, entstehen die Konflikte jedoch nicht aus dem Gegensatz zwischen „gut" und „böse" (wie in der bürgerlichen Trivialliteratur), sondern aus der Reaktion der handelnden Figuren auf die moralischen und sozialen Gegebenheiten. Dies gilt sogar für den „Schuft" Leonhard, der sich als gewissenlos erweist, aber insofern flexibler mit den Gegebenheiten fertig wird. Ferner wird sich zeigen lassen, dass es, was die Figurenkonstellation betrifft, durchaus eine **hierarchische Struktur** gibt, aber nicht mehr in Bezug auf die Klassenunterschiede, sondern auf moralische Gesinnungen.

Sozialstruktur in *Maria Magdalena*

Die bürgerliche Gesellschaft, wie sie sich in Hebbels Trauerspiel widerspiegelt, ist keineswegs einheitlich. Es lassen sich unterscheiden: **höhere Verwaltungsberufe**, deren Inhaber (hier: der Sekretär) ein Studium absolviert haben. Auf einer mittleren Ebene befinden sich die **sozial geachteten Berufe** wie eben der Tischlermeister Anton, der Kaufmann Wolfram oder auch der Kassierer Leonhard: An letzterem Beispiel wird deutlich, dass die Ernennung zum Kassierer durchaus einen sozialen Aufstieg bedeutet. Eine besondere Beachtung verdient der **Handwerksstand**. Ein Blick in die Sozialgeschichte des 19. Jahrhunderts[4] verrät: Der Handwerksstand verharrte oft in Armut; auch bei großem Fleiß und Tüchtigkeit gelangten nur wenige Handwerker zu Wohlstand. Dazu trug sicherlich der Umstand bei, dass die meisten – so wie Meister Anton – nicht lesen und schreiben konnten und somit oft nicht in der Lage waren, kaufmännisch zu handeln. Viele wussten noch nicht einmal, ob ihre Arbeit überhaupt Gewinn einbrachte. Dennoch entwickelte sich ein ausgeprägter Berufsstolz. Diesen trägt auch Meister Anton zur Schau, indem er seine „**ehrliche**" **Arbeit** von der „unehrlichen" etwa der Gerichtsdiener abgrenzt und mit diesen Leuten nichts zu schaffen haben will. Für das Selbstbewusstsein des Handwerkers maßgeblich waren ferner die „ehrliche", also die eheliche Geburt sowie die „ehrbare" Lebensführung, die den Besuch von Wirtshäusern oder Spielen um Geld ausschloss. Umso schlimmer und demütigender muss Meister Anton deshalb der Affront des Gerichtsdieners Adam treffen, der sich für die ihm entgegengebrachte Verachtung rächen will und den Vater des vermeintlichen Straftäters zu den „Schelme[n] und Diebe[n]" (I, 7; S. 58) zählt. Adam grenzt sich hiermit noch einmal deutlich ab von der **untersten Schicht** der Verbrecher, und auch hier muss Meister Anton es sich gefallen lassen, mit einem „Gaudieb", dem „Pocken-Fritz", auf eine Ebene gestellt zu werden: „[W]ir sind ja Vettern seit acht Tagen" (II, 1; S. 64).

Der **Adel**, lange Zeit im bürgerlichen Trauerspiel die gegnerische Instanz des Bürgertums, tritt in *Maria Magdalena* nicht auf. Dennoch gibt es zwei bemerkenswerte Anspielungen, die das Verhältnis des Bürgertums (hier: Meister Anton) zum Ersten Stand andeuten. Beide Äußerungen stammen von Meister Anton und zeigen dessen **geringe Wertschätzung des Adels**. So bezeichnet er angesichts der Spielsucht seines Sohnes das Spiel als „einen Zeitvertreib" „vornehme[r] Herren" und fährt fort:

Ohne den Karten-König hätte der wahre König gewiss oft Langeweile, und wenn die Kegel nicht erfunden wären, wer weiß, ob Fürsten und Barone nicht mit unsern Köpfen bosseln würden!

Jedenfalls würde ein Handwerksmann „freveln", wenn er seinen „sauer verdienten Lohn aufs Spiel" setzte (I, 6; S. 57).

Indirekt wertet er somit das Treiben des Adels ab. Ähnlich ist eine Bemerkung zu verstehen, mit der Anton Zweifel an der irdischen Gerechtigkeit äußert, für deren Aufrechterhaltung der König eigentlich zuständig sei (vgl. II, 1; S. 66). Die göttliche Gerechtigkeit dagegen würde er auch dann akzeptieren, wenn er sie nicht verstünde.

Figurenkonstellation – Sozialstruktur

Oberste Ebene	• Adel, König (vgl. S. 66) • König, Fürsten und Barone (vgl. S. 57)
Obere Ebene	Akademiker, z. B. der Sekretär
Mittlere Ebene	• Handwerker (Meister Anton) • Kaufleute (z. B. Wolfram) • sozial geachtete Berufe (z. B. Kassierer)
Untere Ebene	sozial verachtete/ „unehrliche" Berufe (z. B. Gerichtsdiener; dieser wird von Anton als „Schuft" bezeichnet, S. 58)
Unterste Ebene	Verbrecher, z. B. der Gaudieb „Pocken-Fritz" (S. 64). Nach dem vermeintlichen Diebstahl seines Sohnes zählt sich auch Meister Anton dazu; er bezeichnet sich selbst als den „Vetter" des Gaudiebs

2 Struktur und Textaufbau

Hebbels *Maria Magdalena* ist, wie die bürgerlichen Trauerspiele zuvor (Lessing, Schiller, Dramen des Sturm und Drang), in **Prosa** gehalten – die Versform war der „hohen" Tragödie vorbehalten und würde auch nicht zu der „profanen" Thematik passen. Das Stück ist in **drei Akte** unterteilt, die eine **deutliche Spannungskurve** zeigen. Gegenüber der klassischen Tragödie, die in der Regel fünf Akte aufweist, wird das Geschehen somit gedrängter dargestellt. Der **erste Akt** enthält mehr als die **Exposition**; er führt die Personen ein und entfaltet das **Konfliktpotenzial:**

Klaras unerwünschte Schwangerschaft, die starre Haltung des Vaters. Der Tod der Mutter stellt einen ersten Höhepunkt dar, da er jenen unseligen Schwur provoziert, an dem Klara zerbrechen wird. Der **zweite Akt** bringt mit der Erkenntnis von Karls Unschuld sowie der Liebeserklärung des Sekretärs eine scheinbare Aufhellung des tragischen Geschicks, da aber Leonhard zwischenzeitlich von seinem Entschluss, Klara zu heiraten, abgerückt ist, steht für den Zuschauer das Ende fest – und im Grunde für Klara auch. Ihre letzten Worte sind: „Noch hast du nicht das Recht dazu!" (Aus dem Kontext geht hervor: sich in den Brunnen zu stürzen.) Gerade die Momente, die eine Lösung suggerieren, sind für sie schrecklich, weil sie sich dann erst recht der Ausweglosigkeit bewusst wird. Sie drückt dies selbst aus:

> *Der Gequälte glaubt auszuruhen, weil der Quäler einhalten muss, um Odem zu schöpfen; es ist ein Aufatmen, wie des Ertrinkenden auf den Wellen, wenn der Strudel, der ihn hinunterzieht, ihn noch einmal wieder ausspeit, um ihn gleich wieder aufs Neue zu fassen, er hat nichts davon, als den zwiefachen Todeskampf!* (II, 6; S. 77)

Diesen „**Todeskampf**" stellt dann der **dritte Akt** dar. Nach Leonhards zynischer Absage steht für Klara der Selbstmord fest, sie sucht nur noch eine Lösung für das Problem, dass ihr Vater den wahren Grund nicht kennen darf. Insofern zeigen die Schlussszenen die Thematik des Stückes noch einmal im Kern, nämlich den Gegensatz zwischen der häuslichen Enge und dem Bestreben fortzugehen, das beide Geschwister in einem grotesken Missverständnis formulieren. Klara sucht die passende Gelegenheit, ihren Entschluss umzusetzen, und findet diese in dem Wunsch Karls nach einem Glas Wasser. Im dramaturgischen Sinne endet das Stück somit mit einer **Katastrophe**, dem Tod Klaras; die Spannungskurve fällt jedoch nicht ab, da der Zuschauer mit der **Ungewissheit** darüber entlassen wird, welche Folgen das Geschehen haben wird.

Spannungskurve

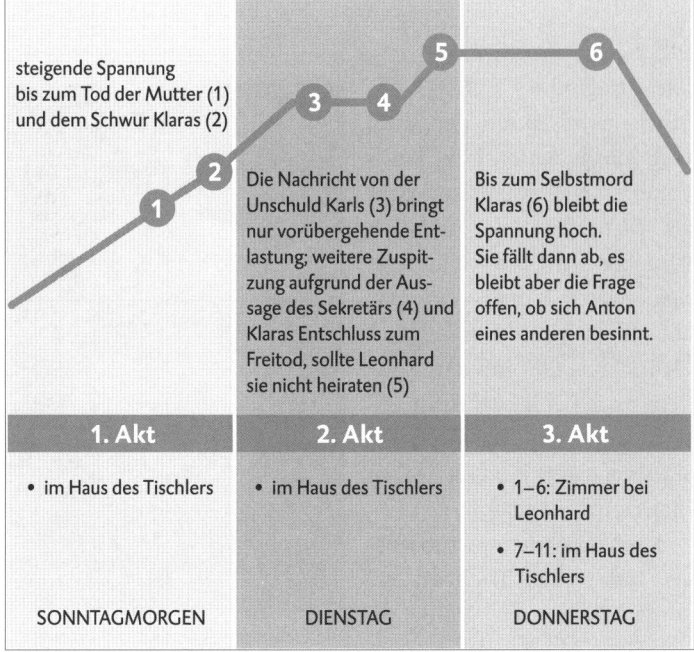

steigende Spannung
bis zum Tod der Mutter (1)
und dem Schwur Klaras (2)

5 **6**

3 **4**

2

1

Die Nachricht von der Unschuld Karls (3) bringt nur vorübergehende Entlastung; weitere Zuspitzung aufgrund der Aussage des Sekretärs (4) und Klaras Entschluss zum Freitod, sollte Leonhard sie nicht heiraten (5)

Bis zum Selbstmord Klaras (6) bleibt die Spannung hoch. Sie fällt dann ab, es bleibt aber die Frage offen, ob sich Anton eines anderen besinnt.

1. Akt	2. Akt	3. Akt
• im Haus des Tischlers	• im Haus des Tischlers	• 1–6: Zimmer bei Leonhard • 7–11: im Haus des Tischlers
SONNTAGMORGEN	DIENSTAG	DONNERSTAG

Der **Handlungsort** ist in den ersten beiden Akten und im zweiten Teil des dritten Aktes ein „Zimmer im Hause des Tischlermeisters", die ersten sechs Szenen des dritten Aktes spielen im „Zimmer bei Leonhard". Somit können die Szenen mit nur einem räumlichen Wechsel zügig hintereinander gespielt werden. Die **Zeit der Handlung** ist ebenfalls kurz. Bei den Zeitangaben finden sich allerdings Widersprüche. Die Handlung setzt an einem „Sonntagmorgen" ein (S. 37), Karl wird an einem Donnerstag entlassen (S. 87). Andererseits sagt Anton, er und der Kleinganove seien Vettern „seit acht Tagen" (S. 64). Überhaupt wird mit der Zeit etwas willkürlich umgesprungen; so nutzt Leonhard den Tod der Mutter und die Durchsuchung des Hauses, um abzugehen, und schon wenige Minuten später liegt sein Absagebrief vor.

3 Figurenkonstellation

Klara

Die tragische Heldin des Stücks wird durch den Titel (vgl. *Interpretationshilfe*, S. 67) vorab charakterisiert, und zwar als **Sünderin**, der letztlich vergeben wird. Sie scheitert an dem starren Moralsystem, das aber nicht nur als äußerlicher Druck auf sie einwirkt, sondern auch bei ihr selbst, in ihrem eigenen Charakter, so stark verankert ist, dass sie ihm nicht entrinnen kann.

Klara begegnet uns zunächst als **liebevolle Tochter**; sie sorgt sich um das Wohlergehen ihrer Mutter. Es ist spürbar, dass sie sich gerne auf einen leichten Ton einlassen

Die schwangere Klara (Anika Baumann) findet nirgends Halt. Aufführung am Maxim Gorki Theater in Berlin 2007.

würde, aber die Ereignisse der letzten Zeit, die dem auf der Bühne dargestellten Geschehen vorausgehen, quälen sie zu sehr. Dass sie sich für die Krankheit der Mutter verantwortlich fühlt, als sie von ihrem unglücklichen Liebesabenteuer nach Hause kommt, beweist einerseits eine starke Verbindung mit ihren Familienangehörigen, ist aber auch Ausdruck **psychischer Labilität**. Das Gleiche gilt für ihren ‚Fehltritt‘: Es mag verwundern, dass sie sich überhaupt mit dem durchtriebenen Leonhard, den sie offensichtlich nicht erst nach dem Sexualkontakt durchschaut hat, eingelassen hat, zumal sie den Sekretär, der seit Kurzem wieder in der Stadt ist, immer noch liebt. Aber gerade

hierin ist ihr Handeln begründet: Sie glaubt, der Sekretär be-
achte sie nicht mehr; deshalb will sie sich selbst beweisen, dass
auch sie diese hoffnungslose Liebe aufgegeben hat (vgl. II, 5).
Dies nutzt Leonhard schlau aus, dennoch geschieht der verhängnisvolle Sexualakt halb gegen ihren Willen (vgl. I, 4; S. 43).
Zudem ist Leonhard ihr, nicht zuletzt durch die Mutter, als pas-
sabler Partner mit guten Aussichten vorgehalten worden – und
da Klara stets willens ist, den Eltern zu Gefallen zu sein, hat sie
sich verleiten lassen. Bezeichnenderweise enthält Hebbels Tage-
bucheintrag von 1839 die auf Klara gemünzte Bemerkung: „Idee
des Weibes: Durch Dulden tun". Sie ist stets die **Dulderin:** Sie
fügt sich den Eltern, dem Gerede der Umwelt, aber auch dem
Verführer Leonhard.[5]

Dem leichten Ton ihres Bruders kann sie nichts abgewinnen;
ihre strengen Fragen anlässlich seines Prahlens mit der goldenen
Kette veranlassen diesen sogar, sie als „impertinent" zu bezeichnen (I, 2; S. 37). Dieser Vorwurf ist sicherlich nicht berechtigt,
zumal sich Klara ihrem Bruder gegenüber verständnisvoller zeigt
als ihre Mutter. Sie verteidigt ihn auch später noch gegen die
Vorwürfe des Vaters und glaubt bis zuletzt an Karls Unschuld –
und zwar aus Überzeugung, nicht – wie die Mutter – reflexartig.
Diese Verteidigung hat somit eine tiefere Qualität als die der
Mutter, wird aber vom Vater nicht anerkannt. Im Umgang mit
den drei anderen Familienangehörigen zeigt sich somit, dass ihre
Gemütstiefe nicht erkannt wird. Somit kommt es auch zu
einem grotesken Missverständnis: Als Klara, an jenem verhängnisvollen Abend nach Hause kommend, am Krankenbett ihrer
Mutter in ihrem Schuldbewusstsein vor lauter Schluchzen keine
Worte findet, sagt die Mutter gerührt: „[W]elch ein Gemüt!"
(I, 4; S. 43) Sie meint dies auch im Gegensatz zu ihrem Sohn,
den sie während ihrer Krankheit kein einziges Mal hat weinen
sehen (vgl. I, 3; S. 38). Aber Klara (und der Zuschauer) wissen es
besser: Karl hat seine Gefühle nur stärker unterdrückt. Die Mut-

ter hat mit ihrer Äußerung auf dem Krankenlager zwar eine andere Motivation angenommen, trotzdem aber indirekt das Richtige über Klara gesagt, ohne es zu wissen.

Gegenüber anderen Menschen ist Klara **warmherzig und mitfühlend**. Dies zeigt sich in einer kleinen aufschlussreichen Szene. Sie hat ein kleines Mädchen beobachtet, das Kirschen als Opfergabe zum Altar brachte. Da es die Kirschen verständlicherweise gerne selbst gegessen hätte, wirft es, die Versuchung bekämpfend, die Kirschen rasch auf den Altar; der Priester (der „Messpfaff") registriert dies mit Missmut, aber „die Maria über dem Altar lächelte so mild, als wünschte sie aus ihrem Rahmen herauszutreten, um dem Kind nachzueilen und es zu küssen!" Klara fährt fort: „Ich tat's für sie!" (I, 3; S. 41)

Diese Szene wirft auch ein Licht auf Klaras Verhältnis zur Religion, der sie mit einer **Mischung aus konventioneller Bindung und Skepsis** gegenübersteht (vgl. *Interpretationshilfe*, S. 53 f.). Es wird hier angedeutet, welche Rolle die Religion spielen könnte: als Tröstung und als Orientierungshilfe. Aufgrund der sozialen Starre, in der die Familie – nicht zuletzt durch die strenge Einhaltung religiöser Riten – lebt, kann Klara hier keinen Halt finden. Hinzu kommen ihr **Aberglaube** und ein recht **naiver Schicksalsbegriff**. Belege hierfür sind zum einen ihr Erschrecken beim Anblick des Totengräbers, zum anderen ihre Schuldgefühle am Krankenbett der Mutter oder ihre Traumauslegungen. Die Anrufungen Gottes erscheinen dem Zuschauer eher formelhaft; dies wird besonders in der Szene deutlich, als sie in ihrer Verzweiflung versucht, das Vaterunser zu beten, und feststellt: „ich kann nicht einmal beten –" (III, 8; S. 91).

Da sie nach ihrem Fehler weder bei ihren Mitmenschen noch in der Religion Hilfe und Trost findet, nimmt sie allerdings ihr Schicksal mit allen Konsequenzen auf sich. Es muss aus ihrer Sicht unbedingt vermieden werden, dass der Vater von ihrer „Schande" erfährt, dafür ist sie bereit, den Freitod zu wählen. Zunächst aber, nach dem Gespräch mit dem Sekretär und auf dem Weg zu Leonhard, ist es noch nicht so weit: „Noch hast du nicht das Recht dazu!", sagt sie sich selbst, und gemeint ist: sich in den Brunnen zu stürzen (II, 6; S. 77). Erst nach Leonhards kalter Ablehnung gewinnt sie die Freiheit ihres Handelns zurück. Die – zynisch gemeinte, aber dennoch zutreffende – Bemerkung Leonhards, sie könne „gottlob nicht Selbstmörderin werden, ohne zugleich Kindesmörderin zu werden", beantwortet sie mit: „Beides lieber, als Vatermörderin!" (III, 4; S. 84). Diese Antwort und die mitgenannte Begründung zeigen die wesentlichste Charaktereigenschaft Klaras: Sie stellt in ihrem **Verantwortungsbewusstsein** ihr eigenes Leid zurück, um ihrem Vater den Schmerz zu ersparen. Dies zeigt Größe, oder wie sie selbst sagt: „Mut und Kraft in all meiner Angst" (ebd.). Die letzte Szene, in der sie auftritt, verdeutlicht diese Angst, die jedoch nicht nur eine Angst vor dem Tode ist, sondern davor, dass ihr Selbstmord vom Vater als Eingeständnis der Schuld aufgefasst werden könnte. Ein letztes Hindernis muss deshalb noch beseitigt werden: Ihr Selbstmord muss wie ein Unfall aussehen, damit ihre Schwangerschaft bis zuletzt unentdeckt bleibt; die Vorlage dazu liefert dann unwissentlich der Bruder mit seinem Wunsch nach einem Glas Wasser. Auch im Tode ist sie noch darauf bedacht, die Ehre der Familie nicht zu gefährden. Dies macht einmal mehr deutlich, wie sehr Klara **vom Urteil ihrer Umwelt abhängig** ist.

Die Mutter

Auch das Charakterbild der Mutter, das Hebbel zeichnet, ist als Modell anzusehen, in das der Dichter eigenes Erleben hineinprojiziert hat. Die positiven Eigenschaften wie Gutherzigkeit, Frömmigkeit, Familiensinn werden durch den Gang der Handlung konterkariert und lassen die Mutter als Frau erscheinen, der es **an Selbstbewusstsein mangelt:** Die Gutherzigkeit kommt nicht von innen, sondern ist Folge der sozialen und familiären

Gegebenheiten, die Frömmigkeit tendiert zur **Frömmelei** und zum **Aberglauben**, und auch der Familiensinn scheint brüchig zu sein, denn in ihrem Verhalten gegenüber den beiden Kindern zeigen sich Schwankungen und Widersprüche.

Die schwere Krankheit, die die Mutter an die Schwelle des Grabes führte, hat ihr zwar die Endlichkeit der Welt und des Lebens bewusst gemacht und sie dazu geführt, Rechenschaft abzulegen, dennoch erweist sie sich als **ichbezogen** und ist nicht imstande, den anderen Familienmitgliedern die Wärme zu vermitteln, die diese vielleicht bräuchten. Dies zeigt sich schon recht früh, als sie – in der Eingangsszene – beteuert, sich „eben nichts Böses bewusst" (I, 1; S. 36) zu sein: Dennoch scheint sie von dem Gedanken umgetrieben zu sein, noch nicht alle guten Vorsätze eingehalten zu haben. Für die Nöte und Bedürfnisse ihrer Kinder zeigt sie nur ein oberflächliches Verständnis: Sie hält Leonhard trotz der deutlichen Ablehnungssignale

Die Mutter (Ruth Reinecke) scheint wieder genesen zu sein. Aufführung am Maxim Gorki Theater 2007

der Tochter für einen geeigneten Schwiegersohn, vor allem dann, wenn er „erst etwas wäre" (I, 3; S. 39). Dies verrät ihre **Abhängigkeit von sozialen Gegebenheiten und Bindungen**. Es ist insofern nicht verwunderlich, dass die Tochter sich der Mutter nicht anvertraut. Auch das Verhalten dem Sohn gegenüber, dessen Leichtfertigkeit ihr zugegebenermaßen Kummer bereiten muss, ist ambivalent. Sie weigert sich, ihm Geld zu geben (vgl. I,

2), und bezeichnet die Forderung Karls, der auf eine Bevorzugung Klaras anspielt, als „unverschämt". Später beklagt sie sich Klara gegenüber über ihn, weil sie ihn während ihrer Krankheit kein einziges Mal habe weinen sehen, und kommt zu dem Schluss, er liebe sie nicht. Aber kaum dass Klara dem zuzustimmen scheint, verteidigt sie ihn wieder, und als ein Blumenstrauß geliefert wird, glaubt sie schnell, er käme von Karl und folgert: „O, er ist gut und hat mich lieb!" (I, 3; S. 39) Der alte Tischler hat im Übrigen sehr wohl wahrgenommen, dass sich seine Frau in Bezug auf Karl selbst betrügt (vgl. I, 5; S. 48).

Die Szene, in der die Mutter stirbt, liefert hierfür eine indirekte Bestätigung. Gerade noch hat die Mutter, nachdem sie mit Meister Anton fast schon fröhlich geschäkert hat, Veranlassung gefunden, beim Thema Karl ihrem Mann Vorhaltungen zu machen: Sie hat nicht nur Karls Spielleidenschaft verteidigt, sondern auch den Verdacht abgewehrt, er könne der Juwelendieb sein – da scheint sich jener Verdacht zu bestätigen. Dies ist für die Mutter ein Schock, sodass sie umfällt und stirbt. Es bleibt dem Zuschauer überlassen, seine Schlüsse zu ziehen: Innerlich mag die Mutter doch von der Schuld ihres Sohnes überzeugt gewesen sein. Sie hat sich ja selbst schon zuvor Vorwürfe wegen möglicher Erziehungsfehler gemacht (vgl. I, 3). Ihr letztes Wort ist „Jesus!" (I, 7; S. 58). Die vermeintliche Schuld des Sohnes hat nicht nur – wie bei der strengen Haltung ihres Mannes zu erwarten – die soziale Reputation der Familie zerstört, sondern auch ihre Maßstäbe des christlichen Glaubens zerrüttet.

Mit der Figur der Mutter folgt Hebbel der Tradition des bürgerlichen Trauerspiels: Sie ist eine **Nebenperson**, die den Konflikt zwischen Vater und Tochter, der im Mittelpunkt steht, nicht beeinflussen kann. Ähnlich wie ihre „Vorgängermütter" in *Kabale und Liebe* und *Emilia Galotti* **verkennt sie ihre Tochter** und kann ihr deshalb in deren Not nicht beistehen.

Meister Anton

„Höchst gespannt bin ich, wie sich mein Meister Anton weiter entwickeln wird, bis jetzt ist's ein prächtiger Kerl", schreibt Hebbel während der Arbeit an seinem bürgerlichen Trauerspiel im März 1843 an Elise Lensing. Wenig später hat er den ersten Akt fertiggestellt und vermeldet, wiederum gegenüber Elise: „Der Meister Anton, ein *Held* im *Kamisol*, der, wie er sagt, die ‚Mühlsteine als Halskrausen trägt, statt damit in's Wasser zu gehen', gehört vielleicht zu meinen höchsten Gestalten" (*EuD*, S. 57). Die Zitate zeigen den Stolz des Dichters darüber, dass ihm diese Figur gut gelungen ist; zumindest der „prächtige Kerl" kann wohl nicht als Charakterisierung gemeint sein. Denn wie sich Meister Anton im Stück zumeist präsentiert, dürfte dem Zuschauer kaum „prächtig" erscheinen.

Dabei zeigt er sich gelegentlich durchaus von einer angenehmen Seite. Im Gespräch mit seiner Frau (vgl. I, 6) wirkt er fast heiter und aufgeräumt; er bittet sie sogar um einen Kuss. Die **Ehrlichkeit**, mit der er zum Ausdruck bringt, dass der Mutter in ihrem jetzigen Alter das Hochzeitskleid nicht mehr so gut steht wie mit zwanzig, könnte verletzend wirken, wird ihm von dieser aber nicht verübelt, für sie ist „Aufrichtigkeit [...] die Tugend der Ehemänner" (S. 54). Die Urteile, die vor dieser Szene über den Tischler gefällt werden, sind eher negativ. So wird er schon anfangs von seinem Sohn als „alte[r] Brummbär" (I, 2; S. 37) bezeichnet, und auch die Mutter gesteht, es mit ihm schwer zu haben: Sie habe stets versucht, den „sauren Schweiß [des] Vaters zusammen[zu]halten" (I, 1; S. 36). Sein erster Auftritt im Stück führt ihn mit Leonhard zusammen, und in diesem Gespräch zeigen sich wesentliche Charaktermerkmale. Hierbei muss allerdings berücksichtigt werden, dass Antons Eigencharakterisierung meist einen **sarkastischen Unterton** aufweist und von Bitterkeit geprägt ist (vgl. *Interpretationshilfe*, S. 71). Wenn er etwa sagt, er denke „über Menschen [...] nichts, gar nichts,

nichts Schlimmes, nichts Gutes", er mache „bloß Erfahrungen über sie" (I, 5; S. 47), dann ist dies mit deutlicher Ironie gesprochen, denn die folgenden Ausführungen über seinen Sohn Karl verraten, dass die enttäuschenden Erfahrungen, die er mit Karl gemacht hat, ihn sehr wohl zu einem negativen Urteil geführt haben, an dem er dann auch mit **Borniertheit** festhält.

Er gibt sich selbst eine Reihe von Etiketten. So bezeichnet er sich als einen **Mann, der zu seinem Wort steht**, auch dann, wenn es schwerfällt. Er hat kurz überlegt, Karl für dessen gebrochenes Versprechen zu bestrafen, indem er sein eigenes ebenfalls nicht einhält, kann dann aber nicht über das hinweg, was er als das „Vorurteil" bezeichnet, nämlich Wort zu halten (I, 5; S. 48). Diese Eigenschaft, die auch durchaus als **Sturheit** bezeichnet werden kann, zeichnet ihn derart aus, dass seine Tochter später keinen Augenblick daran zweifelt, er werde seine Ankündigung des Selbstmords wahrmachen. In vielen Dingen, so in der Ausübung der Religion, ist er **Traditionalist** und führt ironisch Klage über insbesondere junge Leute, die jede neue „Mode mit[…]machen" (I, 5; S. 49). Damit provoziert er die Reaktion Leonhards: „Er nimmt's auch zu genau" (ebd.) – eine ohne Zweifel zutreffende Bemerkung des zukünftigen Schwiegersohns, dessen Lebenseinstellung vollkommen konträr zu derjenigen Antons ist. Mit der ebenfalls von Leonhard vorgenommenen Etikettierung „Er ist ein Philosoph!", weil er sich „zu fassen" wisse (I, 5; S. 50), kann Anton weniger anfangen, bestätigt diese Formulierung dann allerdings mit der bereits oben zitierten Bemerkung, er trage „einen *Mühlstein* wohl zuweilen als *Halskrause*, statt damit ins Wasser zu gehen – das gibt einen steifen Rücken" (ebd.). Später sagt er noch über sich, er sei „nach und nach" „ein borstiger Igel" geworden (I, 5; S. 52) und liefert damit ein zutreffendes Bild ab: Zunächst seien die Stacheln nach innen gerichtet gewesen und hätten ihn verletzt, deshalb habe er die Haut umgekehrt und somit den Frieden gefunden. Dass er trotz seines unwirschen Ver-

haltens anderen gegenüber ein weiches Herz und ein untrüg-
liches **Gefühl für Gerechtigkeit** hat, zeigt sein Bericht von den
tausend Talern, die er dem ehemaligen Lehrherrn geschenkt hat,
obwohl er wusste, dass das Geld damit verloren war. Die Erinne-
rung an diesen wohlmeinenden Lehrherrn nötigt dem harten
Mann sogar Tränen ab (I, 5; S. 53; vgl. auch I, 3; S. 38).

Antons (Andreas Leupold) enges Weltbild duldet keine Verstöße gegen die Konven-
tionen. Szenenfoto aus einer Aufführung des Berliner Maxim Gorki Theaters 2007.

Seine Prinzipien als Familienvater sowie als Handwerker, seine
Sparsamkeit und **Gewissenhaftigkeit**, führen dazu, dass er
die Lebensführung seines Sohnes, insbesondere dessen Spielleidenschaft und die damit verbundene Sorglosigkeit in Geld-
dingen, scharf verurteilt; ja er geht sogar so weit, den eigenen
Sohn sofort der Täterschaft zu bezichtigen und Karl als „Muttermörder" (I, 7; S. 59) zu bezeichnen. Selbst als sich die Unschuld
Karls herausstellt, ist er, mit Hinweis auf die Schulden des
Sohnes, die er beglichen hat, nicht imstande, ihm zu vergeben.
Die Familien- und insbesondere seine eigene **Ehre** sieht er infol-
ge des vermeintlich schuldhaften Verhaltens seines Sohnes in

den Schmutz gezogen; deshalb stellt er auch die schreckliche Forderung an die Tochter, ihm nicht ebenfalls Schande zu bereiten. Alles könne er ertragen und habe es bewiesen, sagt er, „nur nicht die Schande! Legt mir auf den *Nacken*, was ihr wollt, nur schneidet nicht den *Nerv* durch, der mich zusammenhält!" (II, 1; S. 65) Das Ansehen in der Gemeinschaft ist ihm äußerst wichtig; er legt auch großen Wert auf die Abgrenzung gegenüber den sogenannten unehrlichen Berufen. Er verfügt über einen ausgeprägten **Gerechtigkeitssinn**, der sich jedoch der bürgerlichen Gesellschaft unterordnet: Als Karl ankündigt, er wolle sich an dem Gerichtsdiener wegen dessen ehrverletzenden Verhaltens rächen, hat Anton dafür zwar Verständnis, verbietet dem Sohn aber eine Tätlichkeit (vgl. III, 10).

Die Schlussszene fasst noch einmal die hervorstechendsten Charaktereigenschaften zusammen, insbesondere seinen **Starrsinn** und sein **Unvermögen, sein eigenes Ich zurückzustellen** (vgl. *Interpretationshilfe*, S. 79). Dieser **Egoismus** ist vielleicht seine negativste Eigenschaft.

Familienstruktur

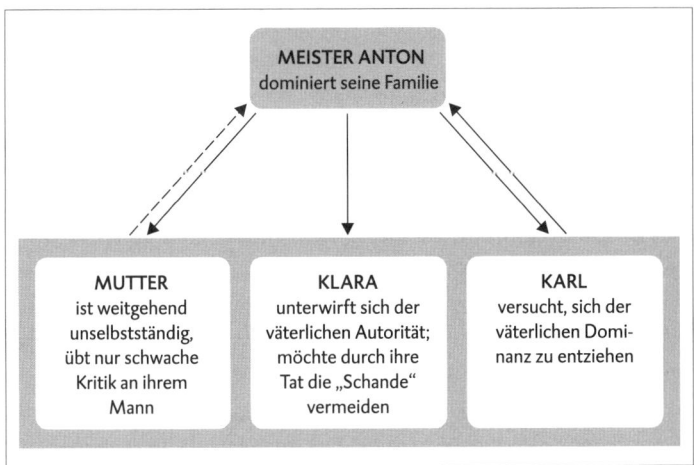

Insgesamt ist Meister Anton eine Figur, die die sogenannten **bürgerlichen Tugenden** wie **Fleiß, Ehrbarkeit, Ehrlichkeit, Pünktlichkeit, Treue** in sich vereint, sie aber eng und starrsinnig auslegt. Dadurch nimmt er nicht nur seinen Familienangehörigen, sondern auch sich selbst jede Lebensfreude und verharrt zum Schluss in Ratlosigkeit und Unverständnis.

Karl

Schon beim ersten Auftreten Karls (I, 2) zeigen sich die **Ambivalenzen seines Charakters**. Er ist fleißig, aber erfolglos, weil er gerne spielt und trinkt und deshalb Schulden macht; der leichte Ton, den er bisweilen anschlägt, verfängt bei seinen schwerblütigen Familienangehörigen nicht. Überhaupt fühlt er sich als ein Opfer der Familienverhältnisse: Als Kind hat er oft hinter seiner Schwester zurücktreten müssen (vgl. III, 8; S. 90), zu seiner Mutter kann er kein Zutrauen haben, da diese ihn nicht versteht, und der Vater ist ein „alte[r] Brummbär", sodass er zu dem Schluss kommt: „Hier im Hause glauben sie von mir ja doch immer das Schlimmste" (I, 2; S. 37). Diese Einschätzung bestätigt sich recht bald: Als der Juwelendiebstahl bekannt wird, hat Anton sofort seinen Sohn, von dem er ohnehin nichts hält, in Verdacht, und auch die reflexhaft vorgetragene Verteidigung der Mutter kommt nicht aus vollem Herzen.

Nach seiner Freilassung führt ihn zwar sein erster Gang nach Hause; aber die Ereignisse haben ihn veranlasst, seine Zukunft auf See zu suchen, denn er weiß: „Hier gedeih ich nicht" (III, 8; S. 89). Diese Einsicht ist zwar begründet, aber es sind doch Zweifel angebracht, ob sich sein Leben in der Fremde zum Besseren wenden würde. Sein Wunsch, letztlich doch vom Vater gelobt zu werden („Er wird mich auf die Schulter klopfen und sagen: Du hast recht getan!", III, 10; S. 93), scheint eher eine **romantische Sehnsucht nach Anerkennung** zu sein, der der Vater skeptisch gegenübersteht. Das mangelnde Verständnis für

seine Schwester weist auch Karl als **ichbezogen und gedankenlos** aus. Edle Regungen, wie die Empörung über das Verhalten des Gerichtsdieners, münden – verstärkt durch den Einfluss
des hastig getrunkenen Weines – in dumpfe Mordabsichten.

Karl erweist sich als ein **im Grunde gutartiger**, aber äußerst
labiler Charakter, der am Unverständnis seiner Umgebung,
aber auch an seinen eigenen Unzulänglichkeiten scheitert. In
seiner Person zeichnet Hebbel eine Figur, an der Erziehungsfehler deutlich werden.

Leonhard

Leonhard repräsentiert den Typus des **kleinbürgerlichen Auf-
steigers**, dem jedes Mittel recht ist, um zum Ziel zu gelangen.
Insofern scheint auch er bewusst Züge des Autors zu tragen, der,
gerade im Umgang mit Frauen, oft egoistische Motive verfolgte.
Allerdings fehlt es Leonhard an sozialem Gewissen. Klara will er
nicht aus Liebe heiraten, sondern wegen der erhofften Mitgift;
als diese Aussicht verschwindet, wird Klara, deren Seelentiefe er
nicht zu erfassen imstande ist, für ihn uninteressant. Er ist **skru-
pellos** genug, die Schädigung des guten Rufs, die Karl wegen
seines angeblichen Diebstahls hervorgerufen hat, zum Anlass zu
nehmen, die Verlobung wieder zu lösen. Zunächst erhält der Zuschauer eine Charakterisierung Leonhards durch die Mutter, die
ihn für „gesetzt" hält und ihn deshalb „wohl leiden" mag (I, 3;
S. 39): Sie, die Äußerlichkeiten wie bürgerlichen Aufstieg und
Wohlanständigkeit im Auge hat, wäre mit diesem Schwiegersohn einverstanden, dessen **berechnende Hinterhältigkeit** sie
nicht erkennt. Leonhard täuscht mit seinem forschen Auftreten,
losen Sprüchen („mein höchstes Gut, denn das bist du", I, 4;
S. 41) und Bibelzitaten Liebenswürdigkeit, Bildung, Lebensge-
wandtheit und Verständnis vor, sodass er zeitweise sogar den
misstrauischen Anton für sich einzunehmen vermag („Er
spricht brav, und unser Herrgott nickt zu seinen Worten", I, 5;

S. 51). Aber da er aus seinen Absichten und Gedanken keinen Hehl macht und man ihm somit eine – wenn auch impertinente – Ehrlichkeit zubilligen darf, wird seine **Gefühls- und Rücksichtslosigkeit** immer wieder schnell deutlich. Für die Großmut Antons dessen ehemaligem Lehrherrn gegenüber zeigt er nicht das geringste Verständnis. Seine **Selbstbezogenheit** offenbart sich am deutlichsten, als die Mutter wegen des angeblichen Vergehens ihres Sohnes vor Schreck stirbt. Diese Entwicklung kommt ihm, da er keinen Grund mehr sieht, die Verlobung aufrechtzuerhalten, gelegen, und er äußert sich eindeutig dazu: „Schrecklich! Aber gut für mich!" (I, 7; S. 58) Diese Haltung behält er weiter bei; in einem entlarvenden Selbstgespräch (III, 1; S. 78), in dem auch seine **selbstverliebte Eitelkeit** deutlich wird („Wie fühlt sich der Mensch, wenn er seine Pflicht tut!"), weist er jede Schuld von sich. Er bedauert zwar Klara, mehr noch aber sich selbst wegen jenes „verfluchte[n] Abend[s]". Längst hat er die Nichte des Bürgermeisters trotz ihres Buckels umgarnt – eine Verbindung, die er nur so lange aufrechterhalten will, wie sie ihm nutzen kann.

Als er Klaras inbrünstiges Flehen ablehnt, sie zu heiraten, fallen zwei hauptsächliche Charaktereigenschaften besonders ins Gewicht. Da ist zum einen der herzlose **Formalismus**, mit dem er argumentiert: Klara habe nicht fristgerecht gegen seinen Brief Einspruch erhoben. Auch die endgültige Verweigerung geschieht aus formalistischen Gründen: Da Klara sich bereiterklärt, ihm sogar als Sklavin zu dienen, antwortet er kalt: „Ein Mensch, von dem du dies alles erwartest, überrascht dich doch nicht, wenn er Nein sagt?" (III, 2; S. 80) Für den Zuschauer noch abstoßender dürfte sein leichtfertiger **Zynismus** sein, mit dem er Klaras Selbstmordabsichten kommentiert und der in dem Satz gipfelt: „Du kannst gottlob nicht Selbstmörderin werden, ohne zugleich Kindesmörderin zu werden!" (III, 4; S. 84)

Die charakterliche Schwäche Leonhards findet einen letzten Ausdruck in der **Feigheit**, mit der er auf die entschlossene Duellforderung des Sekretärs reagiert.

In einem Brief an Elise über das fertige Stück nimmt Hebbel auch Bezug auf Leonhard, möglicherweise als eine Art Selbstverteidigung. Er schreibt, Leonhard sei „bloß ein Lump, kein Schuft", und etwas später: „dieser Hundvott lebt nicht aus einem *Princip*, sondern aus seiner *Natur* heraus, man

Der Opportunist Leonhard (Gunnar Teuber) benutzt Klara (Anika Baumann) nur. Aufführung am Maxim Gorki Theater 2007.

ärgert sich nicht über *ihn*, sondern über Gott, der ihn gemacht hat" (*EuD*, S. 60 f.). Dies verdeutlicht die Zwanghaftigkeit seines Verhaltens: Er kann nicht anders. Im Tagebuch hält Hebbel am 8. 12. 1843 sogar fest: „Leonhard ist ein Lump, aber eben deswegen – ein Lump kann nichts Böses tun!" (*EuD*, S. 62) Das heißt, Leonhard wird auf seine **Funktion im Stück** festgelegt: Er ist der für das tragische Geschehen notwendige Gegenpart.

Der Sekretär

Der Jugendfreund Klaras, der – vermutlich nicht zufällig – wie der Autor **Friedrich** heißt, ist nach einigen Jahren des Jurastudiums in seine Heimatstadt zurückgekehrt. Bei der ersten Begegnung legt er eine von ihm selbst als peinlich empfundene und wohl der Verlegenheit geschuldete **Geschwätzigkeit** an den Tag. Er charakterisiert sich selbst als jemand, der sich, offensichtlich mit Mühe, durch das Studium hindurchgearbeitet hat und der sich von seinen faulen und dummen Kameraden abgrenzt. Dieser **Ehrgeiz** hat jedoch dazu geführt, dass er versäumt hat, den Kontakt mit seiner Jugendliebe zu pflegen, und auch als er bereits wieder zurückgekehrt war, nahm er die Krankheit der Mutter zum Anlass, sich zurückzuhalten, sodass Klara glauben musste, er habe sie vergessen. Die Unbekümmertheit, die er anfangs Klara gegenüber zeigt, scheint gespielt, ebenso die neckische Aufforderung, wie in den Kindertagen „Blindekuh" zu spielen. Erst ihre Zurückhaltung macht ihm bewusst, dass sie nicht mehr das Kind aus der Jugendzeit ist und dass sie sich – ausgerechnet – mit Leonhard verlobt hat. Seine Reaktion ist nicht ohne **Selbstliebe**: „O Mädchen, warum hast du mir das getan!" (II, 5; S. 73) Ihm wird bewusst, dass er an der Situation mitschuldig ist, doch als er erfährt, warum Klara, die ihn ja immer noch liebt, an Leonhard festhalten muss, äußert er die verhängnisvollen Worte: „Darüber kann kein Mann weg!" (II, 5; S. 76) Er scheint zwar diese Worte sofort zurückzunehmen und lobt Klara für ihre Offenheit, aber seine Absicht, sich mit Leonhard zu duellieren, kann Klara nicht überzeugen: Sie sieht in seinem Verhalten – zu Recht – den Ausdruck **verletzter Eigenliebe**. Erst als er im Sterben liegt und erkennt, dass Klara aufgrund ihres Versprechens dem Vater gegenüber nicht anders handeln konnte, wird er sich des Ausmaßes seiner eigenen Schuld bewusst. Er weiß jetzt, da es zu spät ist, dass er, statt ihr Vergehen aus getroffener Eitelkeit zu verurteilen, sie liebend und verzeihend in die Arme hätte nehmen müssen (vgl. III, 11; S. 95).

Der Sekretär ist zwar durchaus als **Gegenentwurf zu dem schurkischen Leonhard** positiv gezeichnet, es **fehlt ihm aber an Großmut und Selbstlosigkeit**. Insofern entwertet er die Ritterlichkeit seiner Geste selbst. Sollte er, wie angedeutet, Züge des Autors widerspiegeln, zeigte dies Hebbels Fähigkeit zur Selbstkritik, hat dieser doch auch durch sein Verhalten die Frauen, die ihn liebten, oft enttäuscht.

Der Gerichtsdiener Adam

Von den anderen Personen des Stücks gewinnt nur der Gerichtsdiener Adam Profil. Als Angehöriger einer **sozial gering einge-
stuften Schicht** ist er voller Hass auf den Handwerksmeister,
der ihn offensichtlich einmal schwer beleidigt hat. Er ist **rach-
süchtig** und voller Häme und Genugtuung, es dem so ehrbaren
Meister heimzahlen zu können. Schon sein Auftreten – er behält
den Hut auf – verrät provozierende Unhöflichkeit. Da sein Urteil über Karl von vornherein feststeht, lässt er sich auch vom
Augenschein, der Karl entlastet, nicht von seinem Verdacht abbringen. Dem zweiten Gerichtsdiener, der ihn zu kritisieren
wagt, fährt er unwirsch über den Mund. Später erfährt man, dass
er Karl sogar, statt ihn direkt zum Bürgermeister zu führen, „wie
den Fastnachtsochsen" straßauf, straßab und über den Markt geführt hat, um ihn zu demütigen und seinen Triumph auszukos-
ten (vgl. III, 10; S. 93). Diese Figur mag als Beleg dafür dienen,
wie sehr Meister Antons schroffe Art, zusammen mit dem stan-
desbedingten Hochmut, in einer ohnehin **charakterschwachen
Person** zu hasserfüllter Gegenreaktion führen kann. Adams un-
gehobeltes Auftreten ist maßgeblich schuld am Tod der Mutter –
Karl ist jedoch der Einzige, der diesen Zusammenhang sieht und
sich deshalb an dem Gerichtsdiener rächen will (vgl. III, 10;
S. 93).

Figurenkonstellation

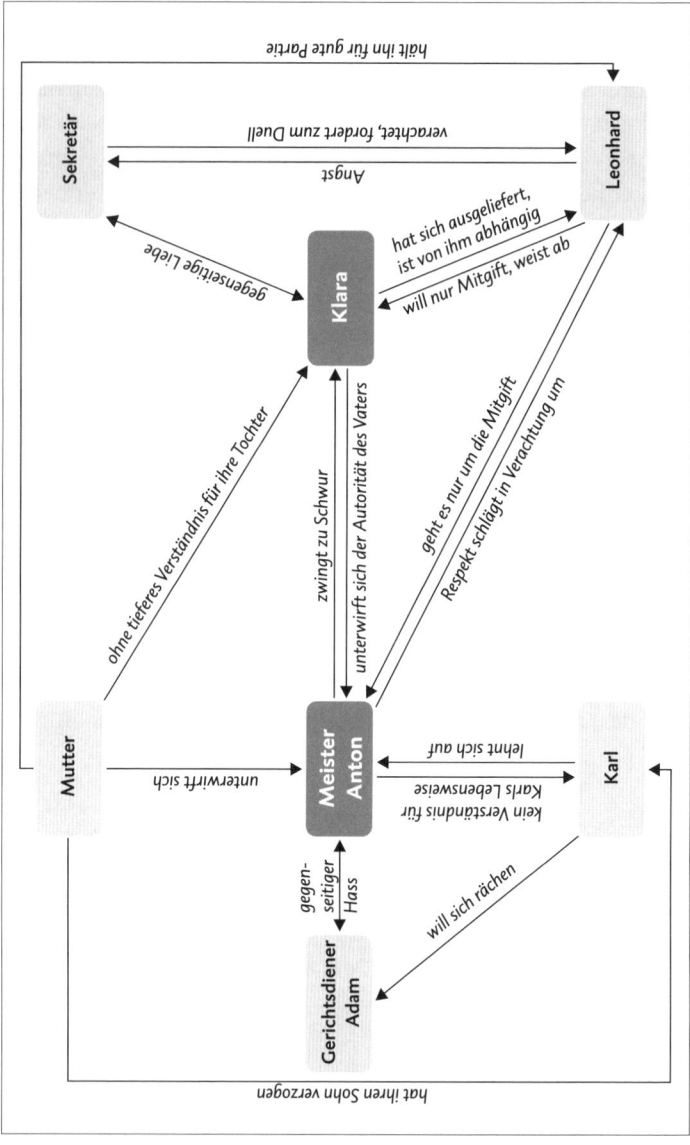

4 Zentrale Themen und Motive

Träume

Träume spielen eine zentrale Rolle. Schon in einer frühen Szene (I, 3) reflektiert **Klara** über die „boshaften Träume": „[S]ie kleiden sich in unsere Furcht, um unsre Hoffnung zu erschrecken!" (S. 40) Sie hat bereits „dreimal" geträumt, ihre Mutter läge im Sarg. Diese ohnehin unheilvolle Vorahnung wird noch durch die Dreizahl verstärkt. Somit bekommt die zunächst spielerisch anmutende Szene, als die Mutter ihr Hochzeitskleid hervorholt, das sie selbst als ihr „Leichenkleid" bezeichnet, erst recht einen an den Tod gemahnenden Nebensinn, obwohl sie beteuert, wieder „gesund und kräftig" (I, 1, S. 36) zu sein. Klaras Traum hat an dieser Stelle die Funktion einer Vorwegnahme – die Szenerie ist so gestaltet, dass der Zuschauer ohnehin mit dem baldigen Tod der Mutter rechnen muss; später wird er dann noch zum Ausdruck des schlechten Gewissens, da Klara einen Zusammenhang sieht zwischen ihrem Fehltritt und der plötzlichen Erkrankung der Mutter. Angedeutet wird dieser Zusammenhang bereits in I, 3, denn Klara fährt fort:

Ich will mich niemals wieder an einen Traum kehren, ich will mich über einen guten nicht wieder freuen, damit ich mich über den bösen, der ihm folgt, nicht wieder zu ängstigen brauche! (S. 40)

Hebbel bedient sich hier, lange vor der Psychoanalyse, der Erkenntnis, dass Träume eine Verarbeitung der Tagesereignisse darstellen.

Auch **Meister Anton** berichtet von seinen Träumen. Er befindet sich (Anfang des zweiten Akts) in einer schrecklichen Stimmung: Gerade hat er seine Frau beerdigt und dabei selbst den Sargdeckel zugenagelt. Die Verzweiflung über den missratenen Sohn, an dessen Schuld er keinen Augenblick zweifelt, wird ihn dann auch veranlassen, von seiner Tochter jenes verhängnisvolle Versprechen einzufordern, das zur Tragödie führen muss. Es sind **zwei Träume**, die er nennt.

Hinter der Appetitlosigkeit seiner Tochter vermutet er – unwissentlich zu Recht – ein schlechtes Gewissen. Dann aber unterstellt er Klara die Ungeheuerlichkeit, Gift in die Suppe getan zu haben, – davon habe er die Nacht davor geträumt. Seine Äußerung ist in sich widersprüchlich, denn das Gift – „[e]iniger wilder Schierling" – sei möglicherweise „aus Versehen beim Pflücken ins Kräuterbündel hineingeraten"; wenn es denn ein Versehen war, kann Klara keine Absicht unterstellt werden. Er zieht den Schluss:

Anton (Manfred Zapatka) erpresst Klara (Monique Schwitter) emotional. Aufführung am Schauspielhaus Hamburg 2007.

„Dann tatst du klug!" (II, 1; S. 61) Dies kann sich auf ihn selbst beziehen, weil er nicht mehr weiterleben will. Jedenfalls drückt sein Traum die Vorahnung aus, dass Klara ihm etwas Schreckliches angetan hat. – Als seine Tochter ihm empfiehlt, sich für eine halbe Stunde niederzulegen, um zur Ruhe zu kommen, wird er wieder direkt: „Um zu träumen, dass du in die Wochen gekommen seist?" (S. 63) Noch hat er keine Veranlassung, Klaras Schwangerschaft zu vermuten. Er nimmt seine Deutung auch sofort wieder zurück und entschuldigt sich dafür. Dennoch bleibt der schreckliche Gedanke im Raum schweben. Träume sind deshalb für ihn nichts Spielerisch-Leichtes mehr (dies mag der Begriff „Gaukler" ausdrücken), sondern eine düstere Vo raussage, in der ein „Prophet" mit „seinem Blutfinger hässliche Dinge" zeigt (S. 63). Entsprechend negativ beurteilt er deshalb auch den Traum, in dem er seinen Sohn sieht, wie dieser eine Pistole abfeuert und in der Folge ein reicher Mann ist, der Goldstücke zählt. Dies kann ja aus seiner Sicht nur bedeuten, dass er Karl für fähig hält, mithilfe eines Kapitalverbrechens zu Reichtum zu gelangen. Es ist insofern nicht verwunderlich, dass er den Schlummer scheut, in dem er Träume durchlebt, die ihn vor der Zukunft schaudern lassen.

Beide Träumer – Klara und ihr Vater – messen somit den Träumen die **Funktion der Voraussage** zu, die sie quält. Der Zuschauer, der mehr weiß als die handelnden Personen, nimmt an diesen Qualen mitfühlend teil.

Enge

Der Sohn Karl, eben aus dem Gefängnis entlassen und erfüllt von der Vorstellung, demnächst auf See ein Leben in Freiheit zu beginnen, bringt ein zentrales Motiv auf den Punkt: das der **Enge**, und zwar in doppelter Hinsicht. Zum einen ist die räumliche Enge der kleinbürgerlichen Stadt gemeint, die einen unternehmungslustigen jungen Menschen lähmt, zum anderen aber – und dies ist erheblich wichtiger – die geistige Enge, in der sich die Personen befinden.

Die Liedzeilen, die Karl in Vorfreude auf sein neues Leben von sich gibt, entsprechen Hebbels Gedicht *Der junge Schiffer* von 1836 (*Werke* III, S. 10). Sie drücken die unbändige **Sehnsucht nach Freiheit** aus: Es geht dem Sprecher „nur ums Fahren", Zweck und Ziel spielen keine Rolle (III, 9; S. 92), „Nun fliegt's hinaus geschwind!" (III, 8; S. 90) Ein solches Leben wäre der völlige Gegensatz zu seiner bisherigen Existenz, die vom Vater dominiert wird und in der alles durch die Enge bestimmt ist.

Was mit dieser Beengtheit gemeint ist, zeigt der Monolog Karls (III, 7; S. 86f.). Es sind die **starren Regeln**, die im Haus gelten, das, was Karl die „zweimal zehn Gebote" nennt: dass Schlüssel und Feuerzeug immer am selben Platz liegen, dass der Hut immer an derselben Stelle aufzuhängen ist, dass donnerstags immer Kalbfleischsuppe gegessen wird … Der Vergleich solcher Formalia mit den zehn Geboten hebt die Trivialität der Hausregeln hervor; ihre strenge Einhaltung hat – nicht nur für Karl – etwas **Borniertes**, **Lächerliches**. Er, der schon oft gegen diese Regeln verstoßen hat, ist zum Außenseiter der Familie geworden; selbst der Mutter, die ihn in übertriebener Fürsorge als Kind verzärtelt hat, fehlt es letztlich an Verständnis für seine Andersartigkeit, und der Vater nimmt zwar den Freiheitswunsch des Sohnes zur Kenntnis, hält das Ganze jedoch für leeres Gerede.

Karl beschreibt den Gegensatz zwischen sich und dem Vater sehr eindrucksvoll:

Wir passen ein für allemal nicht zusammen, er kann's nicht eng genug um sich haben, er möchte seine Faust zumachen und hineinkriechen, ich möchte meine Haut abstreifen, wie den Kleinkinderrock, wenn's nur ginge! (III, 8; S. 90)

Das vollgestellte Bühnenbild der Augsburger Inszenierung (2011) versinnbildlicht die geistige Enge und Ausweglosigkeit in Meister Antons Familie

Diese Äußerung ist bemerkenswert: Karl beschreibt mit richtigem Instinkt das Bedürfnis des Vaters, sich abzukapseln und in sich selbst zurückzuziehen, aber sein eigener Wunsch nach Ablegen des „Kleinkinderrocks" wird durch den Konjunktiv im letzten Satz infrage gestellt.

Religiosität

Die Rede von den „zweimal zehn Geboten" führt zu einem weiteren Hauptthema des Dramas, der Religiosität. Auch diese ist durch das **Einhalten starrer Regeln** bestimmt. Der Zwang, der hierdurch auf die handelnden Personen ausgeübt wird, ist eine der Hauptursachen für den tragischen Fortgang.

Die Frömmigkeit zeigt sich bei den Personen in unterschiedlicher Weise. Die **Mutter** sagt von sich, sie sei immer „auf Gottes Wegen gegangen" und habe ihre Kinder „in der Furcht des Herrn aufgezogen" (I, 1; S. 36). Dennoch fürchtet sie sich vor dem Tod; sie glaubt, einige Vorsätze, die sie bei ihrer Hochzeit gefasst habe, noch nicht gehalten zu haben. Daran soll sie ihr weißes Hochzeitskleid erinnern, mit dem sie zum Abendmahl geht. Religion ist für sie Verpflichtung, hat aber auch eine **Freisprechungsfunktion:** Wenn man sich an alle Regeln hält, wird man im Jenseits belohnt werden.

Klara dagegen, die auch nicht frei ist von Regungen naiven Aberglaubens, findet in der Religion **keinen Halt.** Die Regularien der Kirche befolgt sie zwar, steht ihnen aber nicht kritiklos gegenüber. So zweifelt sie an der Richtigkeit der Aussage des Pfarrers, man solle dem himmlischen Vater keine Opfer darbringen, weil ihm ohnehin alles gehöre. Sie hat erlebt, dass sie ihrem eigenen Vater ein Geschenk gemacht hat, das dieser in Ehren hielt. Warum sollte sie also nicht auch Gott ein Geschenk darbringen können? Die Einengungen des strengen Protestantismus führen sie sogar dazu, dass sie die Katholiken um ihren Glauben beneidet. Die Geschichte von dem kleinen Mädchen, das seine selbstgepflückten Kirschen zum Altar brachte, zeigt zugleich ihren warmherzigen Charakter, denn sie übernimmt die Rolle der Mutter Gottes, indem sie an deren Stelle dem Kind dankt.

Sie möchte gerne glauben, dass Gott gnädig und barmherzig ist, und sie fühlt sich zwischenzeitlich auch in diesem Glauben bestärkt (vgl. I, 3; S. 40); aber letztlich kann sie sich nicht im Glauben aufgehoben fühlen, da sie sich der Schuld bewusst ist, mit ihrem Freitod auch das ungeborene Leben zu zerstören. Die **Unfähigkeit zu beten** zeigt dies sehr deutlich. Kurz vor ihrem Selbstmord versucht sie, das Vaterunser zu beten; schon nach den ersten Worten sagt sie: „ich kann nicht einmal beten" (III, 8; S. 91). Dann besinnt sie sich auf die Zeile „Vergib uns unsere Schuld, wie wir vergeben unsern Schuldigern!" Sie fasst diese Bitte als Appell an sich selbst auf, dem sie nachgeht: Sie ist bereit, ihrem „Schuldiger" (Leonhard) zu vergeben. Dass es sich nicht um ein echtes Gebet, also um eine Zwiesprache mit Gott, sondern eher um eine ritualisierte Übung handelt, zeigt die Regieanweisung: „wie ein Kind, das sich das Vaterunser überhört". Schon vorher gibt es einige Versuche Klaras, Gott um Barmherzigkeit anzugehen: „Barmherziger Gott, was soll ich tun!" (II, 1; S. 64); „O Gott, o Gott! Erbarme dich!" (II, 2; S. 66) Im Gespräch mit dem Sekretär sagt sie: „Gott im Himmel, ich würde mich erbarmen, wenn ich du wäre, und du ich!" (II, 5; S. 74) Diese **Bitten bleiben** offensichtlich **erfolglos**; Klara bekommt keine Antwort. Deshalb ist es ihr jetzt unmöglich, im Gebet mit Gott ins Reine zu kommen. Ihr Glaube hat sie gelehrt, dass irdische Sünden mit ewiger Verdammnis in der Hölle bestraft werden und dass am Jüngsten Tag die Schuldfrage gestellt werden wird. In ihren verzweifelten Versuchen, zu Gott zu beten, zeigt sich ein unausgesprochener Protest gegen den „erbarmungslosen" Gott.[6] Sie nimmt das Opfer auf sich, um den Vater zu schonen, und hofft in ihrem Innersten, die „ewige Gnade" möge sich vielleicht doch ihrer erbarmen. Aber diese Hoffnung basiert nicht auf der christlichen Heilslehre, sondern auf ihrer eigenen Anschauung und ihrem Gerechtigkeitssinn, denn sie fühlt sich trotz der geplanten Todsünde ihrem gewissenlosen „Schuldiger" Leonhard moralisch überlegen.

Die Äußerungen des alten Tischlers zur Religion werfen ein bezeichnendes Licht nicht nur auf seine, sondern auch auf die Religionsausübung der damaligen Zeit insgesamt. **Anton** setzt sich, wie so oft mit beißender Ironie, von der Auffassung ab, man könne auch „beim Vogelfangen, beim Spaziergehen, ja im Wirtshaus [seine] Andacht halten" (I, 5; S. 48), so wie es sein Sohn möglicherweise zu handhaben pflegt. Für ihn vertragen sich Bier und Religion nicht. Er sagt:

> *wenn ich mein Herz erhoben fühlen soll, so muss ich erst die schweren eisernen Kirchtüren hinter mir zuschlagen hören, und mir einbilden, es seien die Tore der Welt gewesen, die düstern hohen Mauern mit den schmalen Fenstern, die das helle freche Weltlicht nur verdunkelt durchlassen [...], müssten sich um mich zusammendrängen, und in der Ferne muss ich das Beinhaus mit dem eingemauerten Totenkopf sehen können.* (I, 5; S. 49)

Es ist ein recht **freudloses Bild**, das er hier zeichnet. Jede irdische Ablenkung – das „freche Weltlicht" – soll vermieden werden, der Aufenthalt in der Kirche ist geprägt von Düsternis und der Nähe zum Tod. Das Zuschlagen der schweren Kirchentüren und die Absonderung von der Welt erinnern an ein **Gefängnis**. Es mag insofern nicht verwundern, dass die

Antons (Martin Herrmann) Christentum kennt keine Barmherzigkeit und ist in Regelhaftigkeit erstarrt. Aufführung am Theater Augsburg 2011

Religionsausübung, so wie er sie für sich und indirekt auch für die anderen fordert, keine Lebensfreude vermittelt und deshalb von ihnen, insbesondere von Karl, als **Ausdruck der quälenden Enge** oder kopfschüttelnd als Pedanterie abgelehnt wird (Leonhard: „Er nimmt's auch zu genau.", I, 5; S. 49). Meister Anton hat es offensichtlich versäumt oder nicht für nötig erachtet, mit seinen Familienangehörigen darüber zu sprechen; er hat seine Auffassung absolut gesetzt und Zustimmung eingefordert. Abweichungen kommentiert er mit sarkastischer Ablehnung. Eine derartige Haltung kann in seiner Familie kein lebensfrohes Klima entstehen lassen. Die Menschen leben, wie die Mutter es an anderer Stelle ausgedrückt hat, in der „Furcht des Herrn" (I, 1; S. 36).

Liebe und Sexualität

„O, mein Herz, mein verfluchtes Herz!", klagt Klara, als sie dem Sekretär gegenübersteht (II, 5; S. 74). Eben hat sie ihm in einem leidenschaftlichen Ausbruch ihre Liebe gestanden, und es ist tragischerweise gerade ihre Leidenschaft, die sie in ihre verzweifelte Lage gebracht hat. Denn sie konnte sich zuvor der Gegenliebe ihres Jugendfreundes nicht sicher sein; sie musste vielmehr annehmen, er, der erfolgreiche Akademiker, habe sie, die einfache Handwerkertochter, vergessen. Als der Sekretär nach absolviertem Studium nach Hause zurückkehrte, konnte er ihrer scheuen Reaktion entnehmen, dass sie ihn wohl noch liebt – angeblich aus Rücksichtnahme auf die kranke Mutter hat er zunächst den Kontakt nicht gesucht. Klaras Empfindungen jedoch waren auch Leonhard nicht verborgen geblieben, und deshalb verlangte er von Klara jenen verhängnisvollen Liebesbeweis.

Die Tragik, die aus diesem Verhalten erwächst, ist nur aus den **Moralvorstellungen** der damaligen Zeit heraus zu erklären. Liebe und Sexualität waren in der bürgerlichen Gesellschaft des 19. Jahrhunderts an die **Institution der Ehe** gebunden; vorehelicher Geschlechtsverkehr galt als moralisch verwerflich und wurde in den meisten deutschen Staaten streng bestraft. Die sexuelle Libertinage des Adels wurde vom Bürgertum, das auf Wohlanständigkeit und Tugend bedacht war, verachtet und moralisch verworfen. Innerhalb des Bürgertums hatten **Verstöße** gegen die Sexualmoral **soziale Ächtung** zur Folge; so setzt etwa Meister Anton voreheliche Sexualkontakte mit Prostitution gleich. Auch die Kirche übte mit ihrem Instrumentarium großen Druck aus. Eine sogenannte „ledige Mutter" – also eine junge Frau, die ein uneheliches Kind bekommt – war der öffentlichen Häme, die sich auch auf ihre Familie erstreckte, ausgesetzt. Ein junger Mann, der ein solches Mädchen heiraten würde, wäre ebenfalls dem Spott der Gesellschaft ausgeliefert. Deshalb äußert der Sekretär auch sein spontanes: „Darüber kann kein Mann weg!" (II, 5; S. 76) – ein Wort, das er zwar wieder zurücknimmt, das aber in Klara nachklingt und ihren Entschluss beschleunigt. Sicherlich gab es viele Fälle – und Leonhard meint auch, in Verkennung der absoluten Haltung des Tischlermeisters darauf verweisen zu müssen –, bei denen die Eltern sich von dem „Schock" (III, 2; S. 81) erholten und sich des Kindchens annahmen.

Klara ist, wie die meisten jungen Frauen ihrer Zeit, sehr stark in das Geflecht **öffentlicher Meinung** eingebunden; eine Verbindung mit Leonhard war ihr – nicht nur von der Mutter – eingeredet worden. Die Enttäuschung, die sie vermeintlich mit dem Sekretär erlebt, nutzt Leonhard aus, und seine Argumentation ist auf dem Boden der herrschenden Moral durchaus nachvollziehbar: „[N]och diesen Abend stell ich sie auf die Probe! Will sie mein Weib werden, so weiß sie, dass sie nichts wagt. Sagt sie Nein, so –" (I, 4; S. 42). „Nichts wagen" hätte bedeutet: Der Verlust der „Jungfräulichkeit" bliebe unentdeckt, Klara könnte „unentehrt" in die Ehe gehen und gegebenenfalls eine Niederkunft als Frühgeburt erklären. Leonhard braucht den Satz nicht auszusprechen: Hätte Klara „Nein" gesagt, dann wäre ihr womöglich ein Leben als unverheiratete „alte Jungfer" beschieden gewesen.

Wie oft bei Hebbel spielt in der entscheidenden Szene, in der Leonhard sich aufführt, als habe er eine Schuld einzufordern (vgl. I, 4; S. 43), der **Zufall** eine entscheidende Rolle, da er der abergläubischen Klara als Zeichen einer höheren Macht vorkommt. Sie fühlt sich, als sie Leonhard enteilen will, festgehalten: Es ist aber nicht der Liebhaber, sondern der Rosenbusch. So kommt es, dass Klara verhängnisvollerweise ihrem eigenen Herz nicht mehr traut (vgl. ebd.).

Die Untersuchungen zur Religiosität sowie zu Fragen der Sexualmoral haben ergeben, dass **Klaras Schuld** als gering anzusehen ist: Sie hat sich in einer Situation, in der sie sich ihrer Gefühle nicht sicher sein konnte, einem ungeliebten Mann hingegeben. Deshalb erscheint ihr Opfer unverhältnismäßig groß. Dass sie aber nicht anders kann, liegt zum einen in ihrem Charakter begründet, zum anderen in ihren sozialen und moralischen Verpflichtungen. Dies soll im Folgenden an dem Motiv des Schwurs verdeutlicht werden.

Das Motiv des Schwurs[7]

Das Schwur-Motiv gewinnt in *Maria Magdalena* eine wichtige Bedeutung, da die Einhaltung eines Schwurs in der bürgerlichen Moral eine unabänderliche Pflicht darstellt. Auch Klaras „Vorgängerin" Luise Millerin in Schillers *Kabale und Liebe* kann das tragische Missverständnis, das das Ende der beiden Liebenden herbeiführt, nicht aufklären, weil sie sich an einen Eid gebunden fühlt. Insofern werfen die Variationen dieses Motivs bei Hebbel ein bezeichnendes Licht auf die jeweiligen Figuren.

An der Leiche der Mutter verlangt Meister Anton von seiner Tochter den Schwur, das zu sein, was sie sein solle, also – im bürgerlichen Sinne – eine tugendhafte Tochter. Da sie aber bereits „gesündigt" hat, würde sie bei dieser Formulierung einen Meineid schwören. Sie ändert die Formulierung ab: „Ich – schwöre – dir – dass – ich – dir – nie – Schande – machen – will!"

(I, 7; S. 60) Bemerkenswerterweise scheint Meister Anton diese Abänderung zu akzeptieren, er antwortet mit einem knappen „Gut!". Dies lässt sich deuten als Ausdruck der in Antons Wesen verankerten Bindung an die öffentliche Moral: Es kommt ihm in erster Linie auf die Vermeidung von „Schande" an. Später bestätigt sich diese Annahme, denn er verbindet die Drohung, sich selbst umzubringen, falls auf seine Tochter mit Fingern gezeigt werde, wiederum mit einem Schwur (*„das schwör ich dir zu"*, II, 1; S. 64); dies sagt er laut Regieanweisung „[m]*it schrecklicher Kälte*", und er verstärkt den **Druck auf Klara** noch, indem er hinzufügt: „[H]alte du deinen Schwur, damit ich den meinigen nicht zu halten brauche!" (II, 1; S. 66)

An der Leiche der Mutter (Ruth Reinecke) zwingt Anton (Andreas Leupold) seine Tochter (Anika Baumann) zu schwören, dass sie ihm keine Schande bereiten wird. Aufführung am Berliner Maxim Gorki Theater 2007.

Daran, dass der Vater seinen Schwur halten wird, zweifelt Klara keinen Augenblick, und sie weiß auch, dass nur eine Heirat mit Leonhard die öffentliche Schande verhindern kann. Deshalb bleibt ihr nichts anderes übrig, als gegenüber Leonhard den Bericht über die Aussage des Vaters, er schneide „sich die Kehle ab", wenn sie ihm Schande bereite, mit der Forderung zu verbinden: „[…] heirate mich!" Und ein weiteres Mal: „Er hat's geschworen! Heirate mich!" (III, 2; S. 79)

Für Klara und ihren Vater ist ein Schwur von **unbedingter Verbindlichkeit**. Ganz anders verhält sich Leonhard, der Klara leichtfertig empfiehlt, sich wegen solcher „Schwüre", die er später sogar in die Nähe von „Gotteslästerungen" rückt (vgl. III, 2; S. 81), keine Gedanken zu machen. Allerdings scheint er genau zu wissen, welche Verpflichtung ein Eid für Klara darstellt. Deshalb sagt er: „Kannst du schwören, dass du mich liebst?" (III, 2; S. 79) – eine Frage, die Klara natürlich nicht bejahen kann, woraus er wiederum ableitet, sie gerade deswegen nicht heiraten zu können. Zu Recht sagt Klara am Schluss dieser entwürdigenden Unterredung: „O, ich glaub's gern, dass du nicht begreifst, wie irgendeiner in der Welt seinen Schwur halten sollte!" (III, 2; S. 81)

Am Beispiel des Schwur-Motivs lässt sich somit eindringlich zeigen, wie streng sich Vater und Tochter an der Wertewelt orientieren und sich damit in die Ausweglosigkeit begeben. Leonhard und – etwas abgemildert – auch Karl, der sein Wort nicht halten kann (vgl. I, 5; S. 48), repräsentieren dagegen Figuren, deren Wertevorstellungen ins Beliebige gehen, die sich aber möglicherweise gerade deswegen in der Welt besser zurechtfinden.

Alternativen zum Freitod?

Als Klara ihre Schwangerschaft bemerkt, steht für sie fest, dass sie Leonhard heiraten muss – nur dadurch wäre die soziale Schande, ein uneheliches Kind zu bekommen, wenn nicht aufzuheben, doch zu vertuschen gewesen. Für die Augen der Welt hätte dann die Geburt des Kindes als Frühgeburt dargestellt werden können. Es ist anzunehmen, dass Klara diese Möglichkeit, die ja eine Täuschung der Öffentlichkeit bedeutet und zumindest für Gerede gesorgt hätte, auch dann nur mit höchsten See-

lenqualen gewählt hätte,
wenn sie der Vater nicht mit
der ultimativen Forderung,
ihm keine Schande zu ma-
chen, konfrontiert hätte. So
aber ist sie erst recht in einer
verzweifelten Lage, und deshalb nehmen ihre Bitten an
Leonhard flehentliche Züge
an: Sie will ihm dienen wie
eine Sklavin, sie will auf Essen verzichten, will sich
klaglos schlagen lassen, ja,
sie ist sogar bereit, sich von
ihm vergiften und ihren Tod
dann wie einen Unfall aussehen zu lassen (vgl. III, 2).
Doch Leonhard lehnt dieses
Ansinnen zynisch ab. Er ver-

Klara (Anika Baumann) fleht Leonhard
(Gunnar Teuber) an, sie zu heiraten.
Aufführung am Maxim Gorki Theater 2007.

harmlost ihre Not, indem er darauf verweist, dass Tausende andere ebenfalls in einer solchen Situation gewesen seien und sich
mit ihren Eltern dann letztlich ganz gut arrangiert hätten. Als er
schließlich sogar anbietet, Klara zu ihrem Vater zu begleiten, um
diesem klarzumachen, dass er ja selbst wegen der fehlenden Mitgift daran schuld sei, wenn er, Leonhard, Klara nicht heiraten
könne, bleibt ihr nur der Freitod. Es ist sogar so, dass sie jetzt –
angesichts des schurkischen Verhaltens Leonhards – diesen Weg
als Befreiung ansieht und deshalb in bitterer Ironie Leonhard dafür dankt (vgl. III, 4).

Für den Zuschauer – und zwar nicht nur für den heutigen –
bleibt jedoch die Frage offen, ob sich nicht doch **Alternativen**
geboten hätten. Im Drama selbst werden **zwei denkbare Wege**
aufgezeigt. Noch vor der endgültigen Auseinandersetzung mit

Leonhard hat Klara realisiert, dass der Sekretär, den sie verloren geglaubt hatte, sie immer noch liebt, und ihr leidenschaftlicher Ausbruch (vgl. II, 5; S. 74) macht unmissverständlich deutlich, dass auch sie niemals einen anderen geliebt hat: Gerade die falsche Einschätzung des schüchternen Verhaltens des Sekretärs hat sie ja veranlasst, sich aus Trotz und enttäuschter Liebe mit Leonhard einzulassen. Jetzt zeigt ihr der **Sekretär** eine **Alternative** auf: Er will sich **mit Leonhard duellieren** und könnte sie anschließend **heiraten**. Dies kommt jedoch für sie nicht infrage: Zum einen hat sie noch überdeutlich jenes „Darüber kann kein Mann weg!" im Ohr, und sie weiß nach einigem Abwägen, dass sie mit dieser Gewissensbelastung nicht leben könnte. Sie monologisiert:

> *Könntest du selbst darüber hinweg? Hättest du den Mut, eine Hand zu fassen, die – Nein, nein, diesen schlechten Mut hättest du nicht!* (II, 6; S. 76 f.)

Zum anderen würde, sollte sie sich doch darauf einlassen, ihre soziale Schande offenbar, und damit würde sie ihren Vater in den Tod treiben.

Die **zweite Alternative** wurde eben schon angedeutet. Da Leonhard sich die unumstößliche Festigkeit des alten Tischlers, seinen Schwur zu halten, nicht vorstellen kann, glaubt er Klara den Vorschlag machen zu können, es darauf ankommen zu lassen: „Tausende haben das vor dir durchgemacht, und sie ergaben sich darein" (III, 2; S. 81). Damit meint er nicht nur junge Frauen, die ein uneheliches Kind bekamen, sondern auch deren **Väter, die sich mit der Situation abfanden**. Doch auch diese Möglichkeit kommt für Klara in keinem Augenblick infrage: Sie weiß genau, dass es dem Alten ernst ist mit seiner Ankündigung; sie ist deshalb, aber auch aufgrund ihrer Erziehung und des sozialen Umfelds, nicht imstande, sich leichthin über die moralischen Einschränkungen der kleinbürgerlichen Gesellschaft hinwegzusetzen.

Eine „Klara-Tragödie" oder eine „Meister-Anton-Tragödie"?

Die Äußerungen Hebbels über seinen „prächtigen" Meister Anton, den „Helden im Kamisol", legen nahe, dass er in seinem „bürgerlichen Trauerspiel" die Tragik des Tischlermeisters in den Mittelpunkt stellen wollte. Dafür spricht einiges. Meister Anton tritt zwar zunächst als der verbohrte Kleinbürger auf, der die strengen Regeln der Lebensführung derart pedantisch über alles stellt, dass er fast schon wie eine Karikatur erscheint: als Nörgler und Besserwisser, eben als „alte[r] Brummbär", wie er von Karl (I, 2; S. 37), oder als „alte[r] Werwolf", wie er von Leonhard genannt wird (I, 5; S. 52). Aber damit lässt sich seine Tragik nicht erklären. Er hat ja durchaus ein mitfühlendes Herz, wie der Bericht über seinen alten Lehrmeister zeigt: Das Andenken an diesen rührt ihn noch nach all den Jahren zu Tränen (vgl. I, 5). Gegenüber seiner Frau ist er sogar zu einem heiteren Ton fähig (vgl. I, 6); er zeigt damit, bei aller Kritik, die er andernorts an ihr übt, Vertraulichkeit und Wärme. Er selbst sagt ja von sich, nicht bereits als „ein borstiger Igel" zur Welt gekommen zu sein (I, 5; S. 52). Anton verfügt über einen unerschütterlichen und unbestechlichen Sinn für Gerechtigkeit. Aber gerade in dieser **absoluten Konsequenz** liegt seine **Tragik**. Für ihn gilt die Sittlichkeit ganz – oder gar nicht. Abweichungen duldet er nicht, ob es sich um Verletzungen des bürgerlich-anständigen Verhaltens (wie bei Karl) oder gar um moralische Fehltritte (wie er sie bei Klara vermutet) handelt. Diese Rigorosität hat es ihm schon zuvor unmöglich gemacht, für seine Familienmitglieder Verständnis aufzubringen, wenn sie von der konsequent verfolgten Linie abwichen oder abzuweichen schienen. Sein Maßstab ist die **Welt**, und zwar die festgefügte Welt, wie er sie von jeher kennt. Neuerungen der „junge[n] Welt" (I, 5; S. 48) sind für ihn Abweichungen oder „Moden", die er nicht mitzumachen vermag. Für derartige Bestrebungen hat er nur beißenden Spott und Verachtung übrig. – Ist er also tatsächlich lediglich ein verbohrter Spießbürger?

Diese Frage zu bejahen würde bedeuten, die Figur ihrer Tragik weitgehend zu entkleiden. Anton trägt zwar ein „Kamisol", aber er ist dennoch ein „Held". Er schöpft nämlich aus der Regelhaftigkeit zugleich die **Kraft, seinen eigenen Weg unbeirrt zu gehen**, die selbstgewählte Beengtheit ist der „*Nerv* [...], der [ihn] zusammenhält" (II, 1; S. 65). Oder, wie er an anderer Stelle sagt: „Ich trage einen *Mühlstein* wohl zuweilen als *Halskrause*, statt damit ins Wasser zu gehen – das gibt einen steifen Rücken!" (I, 5; S. 50)

Anton begnügt sich nicht damit, ein idealisiertes Weltbild vor sich her zu tragen, er will es auch realisieren und hält sich in seinem Handeln in aller Konsequenz daran, obwohl er **seine Familie** und damit letztlich **sich selbst ins Unglück stürzt**. Ein Abschütteln des „Mühlsteins" hätte möglicherweise ein humaneres Ende erbracht, aber zu einer solchen Veränderung ist er nicht imstande. Darin besteht seine Tragik.

Es gibt aber auch gute Gründe, **Klara als tragische Hauptfigur** in den Mittelpunkt zu stellen. In jenem Brief an Elise Lensing, in dem Hebbel seinen Anton als eine seiner „höchsten Gestalten" bezeichnet, schreibt er auch, sein Stück sei „*in letzter Wirkung* [...] *von niederschmetternder Gewalt*, bei alledem sogar voll *Versöhnung*, aber freilich nicht zur *Befriedigung* des kritischen *Pöbels*. Mich selbst erschüttert diese Klara gewaltig, wie sie aus der Welt herausgedrängt wird" (*EuD*, S. 57).

Mit „**Versöhnung**" ist ein entscheidender Begriff genannt. Der „Pöbel", also das Publikum, das nach einer billigen Lösung, wie sie ein Lustspiel bieten würde, sucht, wird ausdrücklich ausgeschlossen. Trotz ihres Freitodes will Hebbel, indem er dem Stück den symbolischen Titel der biblischen Sünderin gibt, andeuten, dass Klara von einer höheren Instanz vergeben werden wird (vgl. *Interpretationshilfe*, S. 67). Dies wagt auch Klara zu hoffen, als sie im letzten Gespräch mit dem „Schuft" Leonhard nicht nur die letzte Gewissheit erhält, dass ihre geplante Tat unvermeidbar ist. Die Regieanweisung zeigt Klara, die sich hoch aufrichtet (vgl. III, 4; S. 83): Sie bringt sich und ihr ungeborenes Kind als Opfer dar; sie weiß, dass sie einen „ruhigen Tod" haben wird, weil sie mit ihrem Gewissen im Reinen ist. Sie wird zwar aus der Welt „herausgedrängt", aber ihre **Tat** ist dennoch eine **freiwillige**. Wenn der Begriff der Versöhnung ernst genommen werden soll, dann lässt Hebbel seine Figur Klara den Selbstmord begehen in der Hoffnung auf eine zukünftige Welt, in der solche Opfer nicht mehr erbracht werden müssen. Dies drückt er auch in einem frühen Gedicht von 1836 aus, das sich wie eine Vorwegnahme von Klaras Schicksal liest. Er nennt es „Versöhnung". Eine ledige Schwangere, deren Eltern wegen der Schande krank geworden sind und die von den Nachbarinnen hämisch angestarrt wird, geht dennoch mit „reine[m] Blick" und „ohne Zagen" in die Kirche, um dort zur Mutter Gottes zu beten. Jetzt ergreift das lyrische Ich als moralische Instanz das Wort:

> *Milde Mutter, Gnadenmutter,*
> *Neige dich und sprich sie los;*
> *Ihr Versöhner und ihr Mittler*
> *Ist das Kind in ihrem Schoß.*
>
> *Wird es doch gekreuzigt werden*
> *Von der Wiege bis ans Grab,*
> *Und so zahlt es überreichlich*
> *Alle ihre Schulden ab.* (EuD, S. 37 f.)

Hebbel formuliert hier eine christliche – im Gegensatz zum späteren Theaterstück eher katholische – Morallehre, die auf das Sterben Jesu Bezug nimmt, bei dem der Sohn Gottes die Schuld der Menschen auf sich genommen hat. Ein literarischer Bezug könnte in der **Gretchen-Handlung** aus Goethes *Faust* gesehen werden: Auch dort wird die ledige Mutter Gretchen, die ihr Kind getötet hat, am Ende nicht gerichtet, sondern durch eine höhere Instanz gerettet.[8]

Klara unter Druck

Gesellschaftliche Bedingungen
- bürgerliche Moral- und Wertvorstellungen
- Ehe als Norm
- uneheliche Schwangerschaft als Stigma
- Bedeutung des Schwurs

Familiäre Bedingungen
- räumliche und geistige Enge
- leere, aber strenge Frömmigkeit: Religion bietet keinen Halt

Klara hält dem Druck nicht stand

Selbstmord in auswegloser Lage

Leonard
- opportunistischer Karrierist
- nützt Klara aus
- bagatellisiert ihre Not
- sagt sich los

Sekretär
- erkennt Klaras Notlage zu spät
- handelt aus gekränkter Eitelkeit
- denkt in bürgerlichen Moralkategorien

Meister Anton
- Pedanterie
- borniere Selbstgerechtigkeit
- Angst vor öffentlicher Meinung
- erpresst Klara moralisch (Schwur)
- kein Verständnis

Zur Schuldfrage: Klara, die Sünderin (Interpretation des Titels)

Hebbel hat dem Stück, das ursprünglich schlicht *Klara* heißen sollte, den beziehungsreichen Titel *Maria Magdalena* gegeben (die Schreibweise „Maria Magdalen*e*" geht auf einen Druckfehler in der Erstausgabe zurück) und damit die Handlungsweise seiner Hauptperson in Schutz genommen. Der bibelkundige Zuschauer seiner Zeit wird mit dem Namen jene Sünderin assoziieren, die Jesus die Füße gesalbt hat, woran die selbstgerechten Pharisäer – in formaler Hinsicht: zu Recht – Anstoß nahmen. **Jesus** aber **verteidigt die Sünderin:**

> *Ihre vielen Sünden sind vergeben, denn sie hat viel Liebe gezeigt; wem aber wenig vergeben wird, der liebt wenig. Und er sprach zu ihr: Dir sind deine Sünden vergeben. [...] Dein Glaube hat dir geholfen; geh hin in Frieden!* (Lukas 7,47–50)[9]

Die Gleichsetzung Klaras mit der biblischen Maria Magdalena bedarf eines genaueren Hinsehens. „Sünderin" bedeutet im biblischen Kontext so viel wie „**Prostituierte**". Davon ist Klara weit entfernt. Sie hat sich weder aus Verliebtheit, noch gar für Geld Leonhard hingegeben, und es ist auch bei dem einen Mal geblieben. Meister Anton hat allerdings just die Prostitution im Sinn, wenn er sagt, um ihn, den „alte[n] Stamm" zu fällen, bedürfe Klara nicht der Axt: „[D]u hast ein hübsches Gesicht, [...] Augen, Nase und Mund finden gewiss Beifall, werde – du verstehst mich wohl, oder sag mir, es kommt mir so vor, dass du's schon bist!" (I, 7; S. 60) Er unterstellt seiner Tochter somit, sie sei imstande, ihren Körper leichtfertig zu verkaufen, und zeigt damit, wie wenig er sie versteht. Klara sieht insofern keine Möglichkeit, die Wahrheit zu sagen. – Ihre Moralität ist trotz ihrer Erziehung und Einbindung in die kleinbürgerliche Ethik eine andere. Sie würde, wie sie Leonhard gesteht, wenn es nur um sie selbst und nicht um ihren Vater ginge, jene „Schande" – also ein uneheliches Kind zur Welt gebracht zu haben – „geduldig hinnehmen, als verdiente Strafe für, ich weiß nicht was, wenn die

Welt mich in meinem Elend mit Füßen träte, statt mir beizustehen [...]" (III, 2; S. 80). Dieses „ich weiß nicht was" ist bezeichnend. Es zeigt, dass sie im tiefsten Inneren nicht anerkennt, schuldhaft gehandelt zu haben.

Die Frage nach der Schuld ist somit nicht eindimensional zu beantworten. Vordergründig hat sich Klara schuldig gemacht und büßt dafür. Damit ist ihre Tragik jedoch nicht zu begründen, denn sie begeht mit ihrem Selbstmord ja eine neue schuldhafte Tat, indem sie nicht nur sich selbst, sondern auch das ungeborene Kind tötet. Wenn sie sagt, beides sei ihr „lieber, als Vatermörderin" zu sein (III, 4; S. 84), zeigt sich eine weitere Dimension, nämlich die **Schuld des Vaters**, der seine Tochter mit der Selbstmorddrohung überhaupt in die verzweifelte Lage gebracht hat: Bliebe sie am Leben, würde sie sich den Freitod des Vaters als Schuld anrechnen müssen. Insofern gibt es für Klara nur eine Entscheidung: „Aber was ich jetzt tu, das kommt über mich *allein!*" (ebd.)

Die Bibel-Assoziation lenkt den Blick aber nicht nur auf die Sünderin selbst, sondern auch und vornehmlich auf die verständnislose Umwelt. Diese wird in der Bibel repräsentiert durch jene selbstgerechten **Pharisäer**, die sich herausnehmen, Jesus wegen seines Handelns zu kritisieren. In Hebbels Stück taucht der Begriff an maßgeblicher Stelle auf: Als der Sekretär in der Schlussszene Meister Anton klarzumachen versucht, dass Klara sich selbst getötet habe, um ihren Vater vor dem Gerede der Welt zu schützen, da bezeichnet der Sekre-

Der Dramentitel setzt Klara mit der biblischen Sünderin Maria Magdalena gleich.
Aufführung am Deutschen Theater Berlin 1942 mit Hilde Krahl als Klara.

tär jene nichtswürdigen „Schlangen" als Pharisäer (vgl. III, 11;
S. 95). Damit charakterisiert er aber nicht nur die kleinbürgerliche Umwelt, sondern in erster Linie Meister Anton selbst (vgl.
Interpretationshilfe, S. 79). Dieser sei kleinmütig und habe nicht
die charakterliche Stärke, sich über seine kleinbürgerliche Beengtheit hinwegzusetzen. Somit spricht Hebbel Klara von
Schuld frei und möchte sein Stück verstanden wissen als **Anklage gegen jene pharisäerhafte Gesellschaft**, die nur dem
Buchstaben, aber nicht dem Geist der Gesetze folgt.

Vergleich Maria Magdalena – Klara

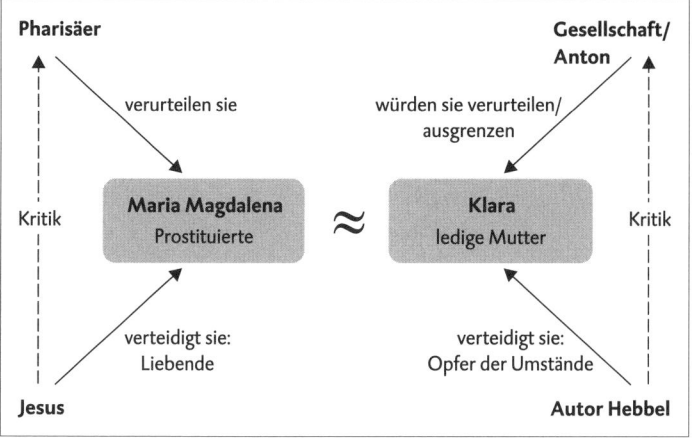

5 Zur Sprache

Der **Wortschatz** des Stückes ist, der Entstehungszeit gemäß,
veraltet; bei einer ganzen Reihe von Wörtern muss das Glossar
herangezogen werden, so etwa bei „Scherben" für „Blumentopf"
(S. 35), „Docke" für „Puppe" (S. 39), „bosseln" für „kegeln"
(S. 57), „Hippe" für „sichelartiges Messer" (S. 62) u. v. m.; dies
gilt auch für **Wörter, deren Bedeutung sich verändert hat,**

wie „die alten Weiber" für die Leichenfrauen (S. 35), „Dirne"
(S. 46, damals noch nicht abwertend gebraucht), „Schelm"
(S. 63, damals ein Schimpfwort), „Wurm" (S. 83, ursprüngliche
Bedeutung „Schlange") u. a. Es finden sich auch **Redensarten**,
die heute nicht mehr gebräuchlich sind, wie etwa „den Hof ma-
chen" (S. 45) oder „ein Weiberschicksal" haben (S. 90) sowie
Fremdwörter, meist aus dem Französischen, die damals zur
Umgangssprache auch der gering Gebildeten gehörten: „Tort"
(S. 55), „Ordre" (S. 57), „impertinent" (S. 37) u. a.

Trotz des niedrigen Bildungsstandes der handelnden Personen – so kann Meister Anton nicht schreiben und hält sich sogar
etwas darauf zugute (vgl. S. 54 und 58) – verwenden sie, wenn
auch individuell abgestuft, durchaus anspruchsvolle Satzkons-
truktionen[10], untermischt mit Bildungsfetzen, insbesondere
Bibelzitaten. Dies gilt zunächst für die Mutter, etwa als sie begründet, warum sie ihr Hochzeitskleid hervorgeholt hat (vgl.
I, 1). Ihre Ausdrucksweise verrät eine angelernte Frömmigkeit.
Auch Leonhard führt Bibelworte auf den Lippen, die aus seinem
Munde allerdings leichtfertig klingen, zumal er sie durch sein
Lachen entwertet (vgl. „Kind! Kind! Sei du ohne Falsch, wie die
Taube, ich will klug, wie die Schlange sein", I, 4; S. 45). Dass es
ihm angesichts der seelischen Pein Klaras an Verständnis fehlt,
zeigt sich auch an seinen Antworten, die oft aus oberflächlichen
Redensarten bestehen („Hand und Hals sind nahe Vettern. Sie
tun einander nichts zuleide!", III, 2; S. 79; „Es kommen Fälle
vor!", III, 4; S. 84 usw.). – Gedankenlos zeigt sich auch Karl in
seiner Sprechweise; er greift in den Schlussszenen – offensichtlich angetrunken – zu durchaus derben Ausdrücken („Wo sich
vier rote Lippen zusammenbacken, da ist dem Teufel eine Brücke
gebaut!", III, 8; S. 87; „Was wächst dir für Unkraut im Kopf",
III, 8; S. 90). Über einen etwas reicheren Wortschatz und eine
bilderreiche Sprache verfügt naturgemäß der akademisch vorge-
bildete Sekretär.

Aufschlussreich ist die **Sprechweise des alten Tischlers**. Er verwendet mit Vorliebe bildhafte Redewendungen, oftmals mit biblischen Anspielungen, mit denen er sich selbst sowie seine Reaktion auf die Umwelt charakterisiert. Ein Beispiel: „Wie einfältig war unser Großvater Adam, dass er die Eva nahm, ob sie gleich nackt und bloß war, und nicht einmal das Feigenblatt mitbrachte." (I, 5; S. 51) Dieses Zitat zeigt ein durchgehendes Charakteristikum seiner Sprache: seinen **Sarkasmus**. Aufgrund seiner schwerblütigen Art und der Mühen, die er sich selbst und seiner Familie auferlegt hat, um im Leben zurechtzukommen, ist er enttäuscht und verbittert. Dies äußert er am deutlichsten, wenn es um seinen Sohn Karl geht:

> *Früher glaubte die dumme Welt, der Vater sei dazu da, um den Sohn zu erziehen. Umgekehrt, der Sohn soll dem Vater die letzte Politur geben, damit der arme einfältige Mann sich im Grabe nicht vor den Würmern zu schämen braucht. Gottlob, ich habe in meinem Karl einen braven Lehrer, der rücksichtslos und, ohne das alte Kind durch Nachsicht zu verzärteln, gegen meine Vorurteile zu Felde zieht.* (I, 5; S. 47)

Die **Ironie** ist durchgehend spürbar: Die althergebrachten sittlichen Maßstäbe bezeichnet er als „Vorurteile" (die er aber, wie er unmittelbar darauf sagt, nicht ablegen kann), sich selbst, das „alte Kind", sieht er als Schüler, dem der Sohn mit seinem unbotmäßigen Verhalten nachhaltige „Lehren" erteile. Eine solche nennt er kurz darauf: „dass man sein Wort nicht zu halten braucht" (S. 48). Überhaupt sieht er sich und seine Auffassungen selbstironisch als überholt an: „Ich alter Sünder freilich, ich bin nicht stark genug, um die Mode mitzumachen" (S. 49) – er meint damit das Verhalten seines Sohnes, der statt in die Kirche ins Wirtshaus geht. Die Szene, als die Mutter wegen des vermeintlichen Diebstahls Karls stirbt, bildet auch im Hinblick auf Antons sarkastische Sprechweise einen Höhepunkt: „Liebe Tochter, der Karl ist doch nur ein Stümper, er hat die Mutter umgebracht, was will's heißen? Der Vater blieb am Leben!" (I, 7; S. 59 f.) Mit diesem Zynismus treibt er Klara zu dem verzweifelten Bekenntnis, ihm nie Schande bereiten zu wollen, sodass ihr letztlich nach Leonhards Absage nur noch der Freitod bleibt.

Die Ausdrucksweise des Vaters verrät überdies eine starke **Ichbezogenheit**. „Ja, ja, das ist ein kluger Kopf, der sich selbst köpft, wenn's Zeit ist." (II, 1; S. 61) oder: „Wie ein nichtswürdiger Bankerottierer steh ich vor dem Angesicht der Welt, einen braven Mann, der in die Stelle dieses Invaliden treten könne, war ich ihr schuldig, mit einem Schelm hab ich sie betrogen." (II, 1; S. 63) Seine Äußerungen zeigen immer wieder, wie wenig Meister Anton in Denken und Sprechen auf die anderen eingehen kann (vgl. *Interpretationshilfe*, S. 74).

Ein von Hebbel häufig benutztes Stilmittel ist die **Aposiopese**, eine Sonderform der **Ellipse**, also des unvollständigen oder besser unvollendeten Satzes: Oftmals sprechen die Figuren ihre Sätze nicht zu Ende und überlassen es dem Zuschauer, selbst eine Ergänzung zu finden. Dieses Stilmittel findet zum einen dort Anwendung, wo die **innere Erregung** einen ruhigen Sprachfluss nicht zulässt oder wo der Sprecher innehält, weil er nichts Falsches oder Verräterisches sagen möchte; oft sind die Ergänzungen leicht zu erraten und werden von dem jeweiligen Sprechpartner vorgenommen. So spricht Klara gegenüber Leonhard von dem Schnurrbart des Sekretärs, den dieser „sich auf der Akademie hat wachsen lassen, und der ihm –". Es ist für Leonhard ein Leichtes zu ergänzen: „So gut steht, nicht wahr?" (I, 4; S. 42) Wesentlicher ist aber noch etwas anderes. Die Ellipsen dienen der **dramatischen Spannung**, indem die Zuschauer die Sätze zwar vervollständigen können, die handelnden Personen aber noch im Ungewissen sind. Dies ist insbesondere in der Schlussszene des 1. Aktes der Fall, als Meister Anton seiner Tochter den verhängnisvollen Schwur abnötigt. Vorher hat er dem wohlmeinenden zweiten Gerichtsdiener, der ihn für den

„ehrlichste[n]Mann in der Stadt" hält, in seiner sarkastischen Egozentrik geantwortet: „Ja, ich hab die Ehrlichkeit in der Familie allein verbraucht! Der arme Junge! Es blieb nichts für ihn übrig!" Dann wendet er sich, wie es in der Regieanweisung heißt, *„[p]lötzlich zu Klara"*: „Wer weiß, ob die Tochter nicht – [...] Was meinst du, mein unschuldiges Kind?" (I, 7; S. 58) Hier ist dieses „ob" noch eine aus der spontanen Verzweiflung heraus geäußerte Vermutung ohne konkreten Hintergrund. Wenig später wird Antons Verdacht substanzieller: Als Klara herausbringt, sie könne nicht von Leonhard lassen, obwohl dieser eben jenen unwürdigen Brief geschickt hat, sagt Anton: „Kannst nicht? Kannst nicht? Was ist das? Bist du –" (I, 7; S. 59) Und schließlich kündigt er an, sie könne das Werk des Sohnes vollenden, nämlich ihn zu töten: „[D]er alte Stamm [...] wackelt schon, es wird dir nicht zu viel Mühe kosten, ihn zu fällen! Du brauchst nicht nach der Axt zu greifen, du hast ein hübsches Gesicht, [...] werde – du verstehst mich wohl, oder sag mir, es kommt mir so vor, dass du's schon bist!" (I, 7; S. 60) Die unausgesprochene Vermutung („Werde eine Hure") stürzt Klara endgültig in den tragischen Zwiespalt, dem sie nur noch durch den Selbstmord entgehen kann.

Auch in anderen Szenen, wie etwa im Gespräch zwischen Klara und dem Sekretär, zeigt sich das Paradox, dass **das Unausgesprochene** das dramatische Geschehen vorantreibt. Die Mehrdeutigkeit des Nicht-Gesagten hält die Spannung hoch.

Die Angespanntheit der Personen äußert sich nicht nur in ihrer Unfähigkeit, ruhig und abgeschlossen zu sprechen, sondern auch in der **Vielzahl von Ausrufesätzen**. Ein gutes Beispiel hierfür ist die Anklage Klaras, als sie sich endgültig von Leonhard löst. Jeder ihrer – insgesamt sieben – kurzen Sätze endet mit einem Ausrufezeichen, sodass man von einem „Stakkato der Ausrufesätze" sprechen kann (vgl. III, 4; S. 84).[11]

6   Interpretation von Schlüsselstellen

„Vor dem Angesicht der Welt" – Szene II, 1 (Auszug, S. 63–66)

Die erste Szene des 2. Aktes enthält ein **Gespräch zwischen Anton und seiner Tochter**. Klaras Anteil beschränkt sich auf wenige Bemerkungen, dafür spricht der Vater umso mehr. Er hat die vermeintliche Straftat seines Sohnes nicht verwunden. Wie schon in den Szenen davor sieht er sich selbst als den Leidtragenden, sein Maßstab ist das „Angesicht der Welt". Er glaubte, der Welt mit seinem Sohn einen „braven Mann" liefern zu können, habe sie aber „mit einem Schelm" (S. 63), also einem Verbrecher, betrogen. Um der Welt aber beweisen zu können, dass es „an den Eltern [...] nicht gelegen" hat, fordert er Klara erneut auf, den „rechten Weg" zu wandeln, und wiederholt seine Drohung, sich selbst umzubringen, wenn man auch auf sie „mit Fingern zeig[e]". Dies sagt er laut Regieanweisung „*[m]it schrecklicher Kälte*". Und noch einmal nennt er die Öffentlichkeit als sein Kriterium: „Ich kann's in einer Welt nicht aushalten, wo die Leute mitleidig sein müssten, wenn sie nicht vor mir ausspucken sollen." (S. 64) Er räumt zwar ein, dass er Klara zu Unrecht verdächtigt – noch kennt er ja ihre Situation nicht –, aber er tut es, weil er selbst „groß Unrecht erlitten" habe. Worin dieses Unrecht besteht, führt er aus: Er muss ertragen, dass er selbst von Verbrechern als deren „Vetter" angesehen wird. Auch der Versuch des Pfarrers, ihm die Verwerflichkeit seines Denkens als „unchristliche[n] Hochmut" (S. 64) auszulegen, scheitert an seiner unmittelbaren Betroffenheit: Er vergleicht sich mit dem Adam der Genesis, den die Schreckenstat seines Sohnes Kain habe verzweifeln lassen, und fügt an:

> *Denn alles, alles kann ich ertragen und hab's bewiesen, nur nicht die Schande! Legt mir auf den* Nacken*, was ihr wollt, nur schneidet nicht den* Nerv *durch, der mich zusammenhält!* (S. 65)

Anton geht es immer nur um sich selbst, um seine **gefährdete Reputation**. Die ständige Wiederholung sowie die Heftigkeit und Einseitigkeit seiner Klage verhindern jedoch im gleichen Zuge das Mitleid des Zuschauers. Im Gegenteil: Sein ichbezogenes Lamento wird **unglaubwürdig**. Umso mehr wächst das Mitgefühl mit Klara, die den harten Vorwürfen lediglich den schwachen Versuch entgegensetzen kann, ihren Bruder in Schutz zu nehmen, und

Anton (Rolf Boysen) misstraut Klara (Anne-Marie Kuster). Deutsches Schauspielhaus Hamburg 1976

mit Karl selbst, der eigentlich durchaus fleißig, wenn auch labil ist. Auch Antons Ankündigung, den Bürgermeister vor Gericht zu ziehen, sollte wider Erwarten Karl doch unschuldig sein, kann Klara nicht trösten, zumal Anton schon kurz darauf solche Spekulationen als „unnütze Reden" verwirft. „Der Junge wird so wenig rein aus diesem Prozess hervorgehen, wie deine Mutter lebendig aus ihrer Gruft." Und weil er sich hierin sicher ist, wiederholt er die Aufforderung an Klara, ihren Schwur zu halten, „damit [er] den [s]einigen nicht zu halten brauche!" (S. 66)

Der Szenenausschnitt verdeutlicht, wie sehr Meister Anton **Gefangener seines Wertesystems** ist. Er ist im Grunde ein rechtschaffener Mann: fleißig, sparsam und pflichtbewusst, er befolgt die Regeln der Gesellschaft sowie der Kirche. Aber er ist **in dieser Regelhaftigkeit erstarrt**. Die Regeln geben ihm Kraft und Ausdauer sich zu behaupten, aber er setzt sie absolut und lässt keine Abweichung zu. Es fehlt ihm an Herzenswärme und an Verständnis für andere. Damit stürzt er seine Familie und letztlich auch sich selbst ins Unglück.

„Zweimal zehn Gebote" – Szene III, 7 (S. 86 f.)

Karl, der zu Unrecht im Gefängnis saß, kommt nach seiner Entlassung heim und findet das Haus leer. Sein **Monolog**, der die gesamte Szene ausfüllt, kreist um die Verhältnisse seines Zuhauses, also um die Lebensweise, die er verlassen möchte. Die Szene greift noch einmal das zentrale Motiv des Stückes, die **kleinbürgerliche Enge**, auf und zeigt, wie sich die unguten Voraussetzungen auf die Protagonisten – hier: Karl – ausgewirkt haben. Zugleich bereitet diese Szene die finale Katastrophe vor.

Karl hat sich mithilfe des Schlüssels, der wie immer, wenn niemand zu Hause ist, unter der Türschwelle liegt, Einlass verschafft. Es hätte ihm aber nichts ausgemacht, wenn er zwanzigmal um die Stadt hätte laufen müssen, so sehr genießt er die wiedergewonnene Freiheit. Der Aufbewahrungsort für den Schlüssel ist nicht das einzige Gleichbleibende im Haus; auch das Feuerzeug ist dort, wo es immer ist. Diese **Gleichförmigkeit** veranlasst ihn zu der Aussage: „[W]ir haben hier im Hause zweimal zehn Gebote." (S. 87) Er führt ein paar Regeln an, die jederzeit einzuhalten, in seinen Augen jedoch lächerlich sind. So nennt er alltägliche Verpflichtungen wie das Aufhängen des Hutes immer an derselben Stelle, aber auch die Forderung: „Vor Martini darf man nicht frieren, nach Martini nicht schwitzen!" Er kritisiert damit nicht nur die Pedanterie, sondern auch indirekt die übertriebene Sparsamkeit, denn offensichtlich war es nicht gestattet, vor Martini (d. h. am 11. November) zu heizen. Angesichts dieser kleinbürgerlichen Gepflogenheiten wirkt der Vergleich mit den biblischen Geboten unangemessen. Bezeichnenderweise nennt Karl nicht eines der zehn Gebote selbst, sondern die Eingangsformel aus dem Luther-Katechismus, deren Forderung, Gott zu **fürchten** und zu **lieben**, die in Antons Familie herrschende Religiosität charakterisiert: Gott ist in erster Linie eine zu fürchtende, d. h. befehlende Instanz.

Weil er Durst hat, ruft er aus reiner Gewohnheit nach der Mutter; es wird ihm zwar schnell bewusst, dass seine Mutter tot ist, seine Reaktion („Pfui! Als ob ich's vergessen hätte …", S. 87) klingt jedoch halbherzig und leitet ihn dann schnell zu Rachegedanken weiter. Er will, wie er auch später dem Vater gegenüber bestätigt, dem „Rotrock", also dem Gerichtsdiener, abends auflauern und ihn umbringen. Als Grund gibt er an, dieser habe ihn vorzeitig vom Kegelspiel weggeholt, als er – offensichtlich aussichtsreich – gerade zum letzten Wurf ansetzte. Später wird sich herausstellen, dass er die rüde Vorgehensweise des Gerichtsdieners als die maßgebliche Ursache für den Tod der Mutter ansieht, und er wird dem Vater, der ihm die Ausübung der Rache verbieten möchte, entgegenhalten: „Ich meinte, Er hätte die Mutter auch lieb gehabt." (III, 10; S. 93) Insofern wirkt seine jetzige Äußerung zwar oberflächlich und pietätlos, aber sie zeigt doch sein Bemühen, auf einer niederen Ebene eine Art Gerechtigkeit herzustellen.

Auch der **Freiheitsdrang**, der schon zuvor spürbar war, wird in dieser Szene verdeutlicht: Karl hat offensichtlich vor, sich als Matrose zu verdingen. Damit will er sich zugleich einer Strafverfolgung wegen des geplanten Mordes entziehen.

Die Szene zeigt Karl als **Produkt der Verhältnisse**. Einerseits ist er von seiner Mutter **verzogen** worden: Dies führt dazu, dass er sich als Pascha aufführt und die Frauen des Hauses als dienstbare Figuren ansieht, die ihm zu essen und zu trinken geben sollen. (Die Forderung nach Wasser wird dann allerdings eine für die Handlung wichtige Rolle spielen, indem sie Klara die Gelegenheit gibt, zum Brunnen zu gehen.) – Andererseits widert ihn die Pedanterie an und diese führt dazu, dass er ihr **zu entfliehen sucht**. Bislang hat er Auswege im Spiel und im Alkohol gefunden, jetzt, da er seinem angeblichen Vergehen ein tatsächliches Verbrechen folgen lassen möchte, muss er die räumliche Trennung suchen. Dass er sich trotzdem nicht ganz von den Maßstäben seines Elternhauses loslösen kann, zeigt später seine Absicht, es dem Vater letztlich doch recht zu machen und dessen Anerkennung zu erwerben (vgl. III, 10; S. 93: „Er sieht mich entweder nie wieder, oder Er wird mich auf die Schulter klopfen und sagen: Du hast recht getan!")

Die Szene leitet über zur Katastrophe, und insofern bleibt offen, ob Karl seine Absicht, zur See zu gehen, weiter verfolgen wird. Es steht jedenfalls fest, dass es Karl nicht gelungen ist, seine guten Anlagen auszubilden. Auch er ist letztlich ein **Gescheiterter**.

„Ich verstehe die Welt nicht mehr!" – Szene III, 11 (Schlussszene, S. 93–95)

Die Schlussszene führt die zentrale Problematik des Stückes, die sich in der Person des Meisters Anton konzentriert, noch einmal eindrucksvoll vor Augen. Seine Engstirnigkeit und sein krampfhafter Versuch, bürgerliche Wohlanständigkeit zu bewahren und Schande zu vermeiden – Bestrebungen, an denen er bis zum Schluss festhält –, haben seine Familie zerstört. Es wird zu fragen sein, welche **Lehren aus dieser Katastrophe** zu ziehen sind, da Meister Anton als Repräsentant seiner kleinbürgerlichen Schicht verstanden werden kann.

Die voraufgegangene Szene hat Meister Anton noch in seiner für die Familienmitglieder – hier: Karl – unerträglichen **Selbstsicherheit** gezeigt: Er hat es nicht über sich gebracht, sich bei Karl für die falsche Bezichtigung zu entschuldigen, sondern hat seinen Fehler mit Karls Schuldenmacherei aufgerechnet. Die Andeutungen Karls, seine Zukunft betreffend, hat er achselzuckend zur Kenntnis genommen; lediglich den Plan Karls, sich an dem Gerichtsdiener zu rächen, hat er strikt untersagt. Er ist in jeder Hinsicht der Unbeugsame und Rechtschaffene, und diesen Status will er nach wie vor „vor dem Angesicht der Welt" (vgl. *Interpretationshilfe*, S. 74 f.) bewahren.

Der zu Tode verwundete Sekretär, dessen Redeweise aufgrund seines Zustandes atemlos und abgehackt ist, bringt Satzfetzen hervor, die dem Zuschauer, aber nicht Meister Anton verständlich sind. Als der Alte dann aber begreift, was der Sekretär anspricht, dass seine Tochter ihm nämlich doch Schande bereitet hat, verweigert er nicht nur eine Geste des Verzeihens, sondern wiederholt trotzig (indem er beide Hände in die Taschen steckt) seine Ankündigung, „ihr Platz [zu] machen" (S. 94), sich also umzubringen – eine Aussage, die wiederum dem Sekretär mit einem Schlag verdeutlicht, warum Klara so verzweifelt war.

Die Szenerie spitzt sich zu, als Karl mit der Nachricht hereinstürzt, jemand liege im Brunnen. Dies ruft reflexartig Antons Bereitschaft auf den Plan: Selbst dem Gerichtsdiener würde er helfen. Bald wird jedoch die Vermutung, dass es sich um Klara handelt, zur Gewissheit. **Anton** befindet sich offensichtlich **im Kampf mit sich selbst**. Dann aber äußert er die ungeheuren Worte zum Sekretär: „Wenn ich Ihn [...] recht verstanden habe, so ist alles gut." (S. 94) Der Tod seiner Tochter als angenommener Unfall befreit ihn aus der Gefahr, vor der Öffentlichkeit als Vater einer entehrten Sünderin dazustehen. Dies zeigt in aller Deutlichkeit, dass nicht die Fürsorge für seine Kinder im Mittelpunkt seines Denkens und Handelns steht, sondern seine **bürgerliche Reputation**. Die Sorge darum veranlasst ihn dann auch dazu, das Zeugnis der Magd, die gesehen hat, dass Klara nicht versehentlich in den Brunnen hineingefallen, sondern absichtlich hineingesprungen ist, zunächst anzuzweifeln. Diese unmenschliche Reaktion ruft die flammende Kritik des sterbenden Sekretärs hervor. Dieser nimmt zwar die Schuld auf sich, Klara in ihrer Not nicht ausreichend beigestanden zu haben, aber seine Anklage geht doch darauf hinaus, dass Anton seine Tochter in den Tod getrieben hat. Und er benennt auch zutreffend Antons Beweggründe, nämlich dessen **Angst vor dem Urteil der Öffentlichkeit**: den „*Zungen*, die hinter [i]hm herzischeln würden". Dabei habe er nicht an die „*Nichtswürdigkeit* der *Schlangen,* denen [diese Stimmen] angehören", gedacht. Jetzt stünde er noch „eisern" da, aber er werde sein Verhalten in der Sterbestunde bereuen (S. 95). Der Sekretär verwendet für jene „zischelnden Zungen" jetzt einen entscheidenden Begriff: Er nennt sie „**Pharisäer**". Dieses Wort steht im Zusammenhang mit dem Titel, den Hebbel dem Drama gab. Die Pharisäer waren nämlich im antiken Judentum Vertreter einer theologischen Schule, die auf die Einhaltung ihrer strengen Regeln achtete; in vielen Äußerungen und Gleichnissen setzt sich Jesus kritisch mit ihnen auseinander, so auch anlässlich der Geschehnisse um die Sünderin Maria Magdalena. Das Wort ist deshalb zum Synonym für „Rechthaber" oder „Heuchler" geworden.[12] Der Sekretär hält also Anton dessen **Selbstgerechtigkeit** vor; er habe sich an den äußeren Gegebenheiten ausgerichtet, statt der Stimme seines Herzens zu folgen. Dass aber Meister Anton immer noch nichts gelernt hat, zeigt seine Reaktion: Seine Tochter habe ihm „nichts erspart", und als der Sekretär ihm vorhält: *„Er war's nicht wert, dass ihre Tat gelang!",* entgegnet er: „Oder *sie* nicht!" (S. 95) Es zeigt sich, dass die Ereignisse ihn – selbst gegenüber seinem „Schoßkind" (vgl. III, 8; S. 90) – nicht von seiner Haltung abbringen können.

Ob dies allerdings so bleibt, ist nicht entschieden. Die letzten szenischen Elemente des Stückes sind durch **gegenläufige Bewegungen** gekennzeichnet. In einer letzten Behauptung der Autorität gibt der Vater Karl Anweisung, wohin die Leiche Klaras gebracht werden soll: „in die Hinterstube, wo die Mutter stand". Der Sekretär dagegen, dem es nicht gelingt, sich noch einmal von selbst aufzurichten, wird von Karl, der ihm aufhilft, nach außen zu der eben herbeigetragenen Leiche weggeführt; seine Worte dabei sind: „Ihr entgegen!" Somit bleibt der Alte allein, und zwar „sinnend", stehen; alle haben sich von ihm abgewandt, er hat sich im wahrsten Sinne des Wortes **nicht**

bewegt. Aber dieses Nachsinnen kann im Zusammenhang mit seinen letzten Worten „Ich verstehe die Welt nicht mehr!" als schwaches Signal einer Veränderung gedeutet werden. Anton könnte, um bei dem Wort zu bleiben, angesichts des von ihm verursachten Unheils, nach und nach zur **Besinnung** kommen, auch wenn seine Zukunft trostlos sein dürfte. Eine radikale Umkehr liegt nicht in Hebbels Sinn. Dies vermerkt er in dem Brief an Auguste Stich-Crelinger: Sein „Hauptcharakter", eben der „eiserne Alte", dürfe am Ende „nicht weiter kommen, als zu einer *Ahnung* seines Mißverhältnisses zur Welt, zum Nachdenken über sich selbst" (*EuD*, S. 62).

Meister Anton (Manfred Zapatka), der in der Inszenierung am Deutschen Schauspielhaus in Hamburg (2007) bezeichnenderweise als Schreiner von Särgen dargestellt wird, bleibt nach Klaras Suizid einsam und verstört zurück.

Zur Rezeption

1 Hebbels Stück auf der Bühne

Nachdem die berühmte Bühnendarstellerin Auguste Stich-Crelinger, die schon Hebbels Judith verkörpert hatte, aus moralischen Gründen – die Schwangerschaft der Heldin sei eine „un-
übersteigliche Schwierigkeit" (*EuD*, S. 73) – die Übernahme der
Rolle Klaras verweigerte, fand Hebbels bürgerliches Trauerspiel
auch lange Zeit vor den Augen der deutschen Theaterregisseure
und -intendanten keine Gnade, obwohl Hebbel ins Feld führte,
die Schwangerschaft Klaras sei – wie diejenige Gretchens im
Faust – die Grundvoraussetzung für das tragische Geschehen
und insofern nicht wegzudenken. Aus heutiger Sicht ist interes-
sant, dass die Kritiker nicht die strukturelle Schwäche des Stückes im Auge hatten: dass die moralisch feste Klara sich aus
Trotz dem ungeliebten Leonhard hingegeben hat, sondern dass
sie jede „unzüchtige" Assoziation verurteilten. Aufgrund dieser
Widerstände erlebte das Stück zunächst nur **wenige Auffüh-
rungen** (ab 1846), und dies auch nur mit mäßigem Erfolg.
Wohl meldeten sich Kritiker zu Wort, die nicht nur die strin-
gente tragische Zuspitzung des Stückes anerkannten, sondern in
ihm auch einen Durchbruch neuer moralischer Grundsätze und
somit ein politisches Ereignis sahen. Nach der Märzrevolution
1848 und der damit verbundenen Aufhebung der Zensur kam
eine gefeierte Aufführung am Wiener Burgtheater zustande, in
der Hebbels Frau Christine die Klara spielte; aber schon bald ge-
wann die Zensur wieder die Oberhand. Zum Ende des 19. Jahrhunderts hin geriet das Stück **in Vergessenheit**; erst zu **Beginn
des 20. Jahrhunderts** wurde es „**wiederentdeckt**" und gehört

seitdem – bis heute – zum Standardrepertoire deutscher Bühnen.

Für die **neuzeitlichen Inszenierungen** gilt, wenn auch in unterschiedlicher Weise, das Wort Georg Hensels, Hebbels Lehre scheine „leider unsterblich". Die „allgemeinen Ideen" Hebbels, als da sind: „die ungewollte Bösartigkeit dieser Menschen [...], die Tödlichkeit eines pervertierten Christentums, eines Glaubens ohne Gnade, einer absolut gesetzten und deshalb ins Unsittliche umgeschlagenen Sitte, einer Moral ohne Liebe" (*EuD*, S. 105), sind auch im ausgehenden 20. Jahrhundert noch bühnenwirksam. Der Rezensent der Inszenierung von Benjamin Korn (Wiesbaden 1980) vermerkt, auch wenn heute „kein Vater mehr wirksam damit zu drohen [vermag], sich die Kehle durchzuschneiden, wenn die Tochter ein uneheliches Kind bekommt, so stimmen doch die meisten anderen Verhaltensweisen der Menschen oben auf der Bühne mit denen der Zuschauer unten im Parkett überein" (*EuD*, S. 108). Indem neuzeitliche Inszenierungen versuchen, das Bühnenbild oder die Ausstattung der Personen in die Gegenwart zu transponieren – so zeigt beispielsweise in der Augsburger Inszenierung von 2012 ein Bildschirm auf der Bühne die Umrisse eines per Ultraschall aufgenommenen Fötus, dessen Herzschlag ständig zu vernehmen ist[13] –, verdeutlichen sie mit diesen Mitteln erst recht, wie **zeitlos** die **Thematik** ist.

Einen schönen Beleg hierfür liefert auch eine Aufführung der Frankfurter „theaterperipherie", die im September 2010 Premiere hatte: Die Konflikte aus Hebbels bürgerlichem Trauerspiel werden in eine in Deutschland lebende türkische Migrantenfamilie übertragen. Die ein uneheliches Kind erwartende Hauptfigur Meryem befindet sich nicht nur im Generationenkonflikt; auch ihre Brüder sehen die Familienehre bedroht. Allerdings tötet sich Meryem – anders als Klara – nicht, sondern emanzipiert sich und verlässt ihre Familie.

In der aktualisierenden Inszenierung der Frankfurter theaterperipherie von 2010 wird aus Klara die Migrantentochter Meryem (Fatima Kamboua), die in Konflikt mit dem Ehrbegriff und den Traditionen ihrer Familie gerät.

Maria Magdalena ist auch wiederholt **verfilmt** worden, alleine viermal in der Zeit von 1915 bis 1924. Rudolf Noelte drehte 1963 eine Fernsehfassung für das ZDF mit Cordula Trantow als Klara und Walter Richter als Meister Anton; die ARD (Hessischer Rundfunk) zeigte 1974 eine Fernsehproduktion mit Emanuel Schmied, Ruth Drexel, Gisela Schneeberger u. a., bei der Franz Xaver Kroetz Regie führte.

Der radikale Umschlag von der Tragödie zur Komödie, den Franz Xaver Kroetz vornimmt, ist vermutlich dem Umstand geschuldet, dass Hebbels Stück bereits Szenen voll unfreiwilliger Komik enthält. Insbesondere Leonhard ist mit seinem gockelhaften Gebaren, seiner eitlen Selbstbespiegelung oder seinem albernen Werben um den kleinen „Buckel" als Karikatur angelegt. Andererseits ist die „Felsenhaftigkeit" des Alten derart überzeichnet, dass sie zum – befreienden – Widerspruch reizt. Die Kroetzsche Nachdichtung verdient, als spezielle Form der Rezeption, ein eigenes Kapitel.

2 Die „Nachgeburt": *Maria Magdalena* von Franz Xaver Kroetz (1972)

Die 1972 entstandene und 1973 erschienene Bearbeitung des Stückes: *Maria Magdalena, Komödie in drei Akten frei nach Friedrich Hebbel* von Franz Xaver Kroetz genießt in der Literaturgeschichtsschreibung als „Nachgeburt" des Originals einen zweifelhaften Ruf. Man erkenne „Motive und Figurenkonstellationen des Originals" wieder, versetzt mit Aktualisierungen und Vulgarisierungen des Dialogs. Ein Kritiker kommt zu dem Schluss: „Diese Stoffversion versteht sich als eine ironische Kontrafaktur zu Hebbel. Aber der Vergleich kann nur der alten Tragödie zum Ruhm gereichen".[14]

Ein jugendlicher Leser, der weniger auf den literarischen Vergleich achtet als vielmehr auf die jeweils zugrunde liegende moralische Einstellung, wird möglicherweise zu einem anderen Urteil kommen. Zudem ist Kroetz' Stück fraglos außerordentlich bühnenwirksam und seine freche, dem Alltag angenäherte Sprache dürfte wesentlich eingängiger sein als die sperrige Diktion der Hebbelschen Personen. Allerdings sind die Bezüge zwischen den beiden Stücken derartig eng, dass eine Interpretation der Kroetz'schen Fassung ohne einen Vergleich mit der Vorlage nicht sinnvoll erscheint. Deshalb soll im Folgenden der vergleichende Aspekt im Vordergrund stehen. Diskussionswürdig erscheint auch die Opposition Tragödie – Komödie. Denn Kroetz' Stück mag zwar häufig zum Lachen reizen, dennoch ist die von ihm selbst vorgenommene Gattungszuordnung fraglich.

Zur **Biografie** des Autors: Der 1946 in München geborene Franz Xaver Kroetz schlägt sich nach mehreren vergeblichen Versuchen, eine Schauspielausbildung abzuschließen, als Gelegenheitsarbeiter und auch als „Gammler" durch; politisch geprägt wird er durch die späte Adenauer/Erhard-Ära. Er begibt sich schon früh in Opposition zu den vom Elternhaus vertrete-

nen katholischen Erziehungs-
prinzipien und den bürgerlichen Bildungsbestrebungen.
Diese Haltung spiegelt sich auch
in seinen ersten Stücken, mit
denen er erfolgreich hervortritt
(*Heimarbeit,* 1970, *Wildwech-
sel,* 1970/71), als **Widerstand
gegen die Theaterkonventio-
nen und Unterhaltungser-
wartungen der Zeit** wider.
Seine Stücke stehen in der Tradition der „Volksstücke" **Ma-**

rieluise Fleißers (1901–1974) und **Ödön von Horváths**
(1901–1938). Die Politik der Großen Koalition (1966–1969),
insbesondere die Verabschiedung der Notstandsgesetze (1968),
erinnern den jungen Autor wie viele andere seiner Generation
an die untergegangene Weimarer Republik und führen dazu,
dass er sich schließlich der DKP anschließt (1972), für die er sogar für den Bundestag kandidiert. Er veröffentlicht zahlreiche
Stücke und ist 1972/73, also in den Jahren, in denen auch
Maria Magdalena entsteht, der meistgespielte deutschsprachige
Autor. Sein zentrales Thema ist die **Sprach- und Hilflosigkeit
seiner Figuren** sowie **die Deformation ihrer zwischen-
menschlichen Beziehungen** angesichts der Ungerechtigkeiten
des Systems. Kroetz' Produktivität bleibt ungebrochen; er selbst
zählt auf seiner – allerdings nur bis 2007 fortgeführten – Web-
site (www.kroetz-dramatik.de) 64 Titel auf und berichtet ohne
Bedauern, viele andere vernichtet zu haben. Er lebt lange auf
einem Bauernhof in Altenmarkt, nach dem Scheitern seiner Ehe
wohnt er abwechselnd in München und auf Teneriffa. Gegen-
wärtig ist er des Schreibens offenkundig müde, er sagt selbst:
„Dem Ende schau mit Lust entgegen, / das Aufhörn ist doch auch

ein Segen / immer weiter machen nur die Lappn / de halten
niemals ihre Babbn" (für Nicht-
Bayern erklärt er: „Lapp: süddeutsch für Depp"). Er insze-
niert weiterhin seine Stücke
und widmet sich auch gerne
seiner Leidenschaft, der **Schau-
spielerei**. Diese hat ihm ohnehin zu nachhaltiger Berühmtheit verholfen, nämlich durch
seine Rolle als Klatschreporter
„Baby" Schimmerlos in der
Fernsehserie *Kir Royal* von Helmut Dietl (1986), oder, zusammen mit Michael „Bully" Herbig,
als Brandner in dem Joseph-

Kroetz mit „Bully" Herbig bei der Premiere ihres gemeinsamen Films, 2008

Vilsmaier-Film *Die Geschichte vom Brandner Kaspar* (2008).

In neueren Interviews behauptet er, die Politik habe ihn
eigentlich nie interessiert, was ihn angetrieben habe, sei die
„**Wut**" über die bestehenden Verhältnisse.[15]

Aufbau und Struktur

Das Stück folgt, was den Handlungsverlauf angeht, vordergründig dem Gang der Vorlage. Es ist ebenfalls in drei Akte unterteilt;
aus den 24 Szenen bei Hebbel werden bei Kroetz 18 Auftritte,
die er mit Zwischenüberschriften versieht. Kroetz fasst also einige Szenen zusammen; neu ist lediglich der letzte Auftritt. Auch
das Personal entspricht durchgehend der Hebbel'schen Fassung,
wenn auch mit – dem Untertitel „Komödie" geschuldeten – cha-
rakteristischen Veränderungen. Diese lassen sich in einem
Schaubild darstellen:

Die Figuren bei Hebbel	Die Figuren bei Kroetz	Kurzcharakterisierung
Meister Anton, Tischlermeister; „felsenhaft", hält unerschütterlich an seinen Prinzipien fest	„Papa", Schuhgeschäftsinhaber	lamentierender Choleriker
Seine Frau, besorgte Mutter	„Mama"	larmoyant, etwas dümmlich
Klara: tugendhaft, voller Liebe	Marie	eigennützig, skrupellos
Karl: sehnt sich angesichts der kleinbürgerlichen Enge nach Freiheit	Karl, Vertreter	windiger Geschäftsmann
Leonhard	Leo	die einzige Figur, die sich nicht verändert
Ein Sekretär: aufrecht, hilfsbereit	Peter	clever, ist auf eine gute Partie aus

Wenn Hebbel davon sprach, dass seine Figuren „eigentlich alle recht haben, sogar Leonhard" (*EuD*, S. 62), so meinte er dies im Hinblick auf die dramaturgische Glaubwürdigkeit. Die Unterschiede zwischen den Charakteren bleiben in ihrer ganzen Schärfe erhalten. Bei Kroetz hingegen gleichen sich die Figuren einander an, insbesondere in ihrer Ich-Bezogenheit („Zerscht komm ich", S. 37). Der „Schuhgeschäftsinhaber" will zum Schluss eine Heiratsannonce aufgeben („Ich denk an mich und überleb", S. 62) und dann macht er sich mit seinem Sohn Karl, den er zuvor mehrfach beschimpft hat, sowie mit Peter gemein und spielt mit ihnen Skat. Auch dass Leo und Peter rational über einen Schwangerschaftsabbruch oder die Möglichkeit einer Scheinehe diskutieren, zeigt ihre geistige Nähe zueinander. – Die komödiantischen Züge einschließlich der verniedlichenden Anredeform „Papa" machen die Gattungsbezeichnung „Komödie" plausibel; dennoch wird angesichts der Kälte und der Beziehungsarmut der Personen untereinander dem Leser/Zuschauer gelegentlich das Lachen im Halse stecken bleiben. Die inhaltlichen Abänderungen sollten deshalb genauer betrachtet werden, und zwar in zwei Schritten: Zunächst sollen die Zwischenüberschriften analysiert werden, dann werden einige ausgewählte Textstellen miteinander verglichen. Sodann soll auf die von Kroetz benutzte Kunstsprache eingegangen werden.

Einige der **Zwischenüberschriften** sind nicht ohne die Vorlage Hebbels verständlich.

1. Hochzeit	Frömmelnde Erinnerungen der Mutter, nachdem sie sich ihr Hochzeitskleid angezogen hat.
2. Verlorener Sohn	Ironische Anspielung auf das biblische Gleichnis; Karl scheint aber nicht reuig zu sein.
3. Was sich gehört	Die Mutter versucht Marie zu überzeugen, dass Leo der Richtige für sie ist, weil er Inspektor wird.
4. Madonna allein	Marie ist alles andere als eine Heilige: Sie spricht eine Art „Anti-Gebet" (Erst wenn Gott ihr hilft – durch einen „Abgang" –, wird sie wieder an ihn glauben).
5. Prinz Leo	„Prinz" lässt an den „Märchenprinzen" denken, der das „Aschenputtel" heiratet. Leo ist jedoch allenfalls ein eitler Emporkömmling; er will Marie nicht aus Liebe heiraten.
6. Prüfung	Hier „prüft" Leo seinen künftigen Schwiegervater in Hinblick auf die zu erwartende Mitgift; diese „Prüfung" besteht „Papa" nicht.
7. Luftballon	Mehrfache Deutungsmöglichkeiten: Ein Ballon mit einer bestimmten Mitteilung wird gestartet oder: Der Ballon wird bald platzen.
8. Schäferstündchen	Eigentlich sexuell konnotiert; hier verfremdet zu einem Zusammentreffen zwischen der Familie und dem Oberinspektor, der eine Hausdurchsuchung veranlasst. Tod der Mutter.
9. Suppenkaspar	Anspielung auf eine Figur aus dem Kinderbuch *Struwwelpeter*. Der „Suppenkaspar" wollte seine Suppe nicht essen. Hier isst und säuft der Papa „die Szene durch". Später wird sich zeigen, dass er die „Suppe" (das uneheliche Kind Maries) nicht „auslöffeln" will.

10. Mon cherie	Bei Hebbel war Klara des Vaters Liebling. Hier zeigt sich Marie von einer herzlosen, geradezu brutalen Seite: Sie wünscht, dass der Vater (der „alte Depp") sich umbringt.
11. Der Coup	Der Juwelier berichtet von dem „Coup", hier: dem Diebstahl, den sein eigener Sohn begangen hat, sodass Karl entlastet ist.
12. Schwanengesang	In der griechischen Mythologie letztes Lied oder letzte Worte vor dem Ende. Hier verfremdet zu einer zynischen Aufrechnung der Möglichkeiten, wie es mit Marie, Peter und Leo weitergehen soll.
13. Haltestelle	Marie versucht Leo zu einer Heirat zu zwingen. Nach der Scheidung will sie dann Peter heiraten. Die Ehe mit Leo wäre lediglich die „Haltestelle".
14. Duell	Anspielung auf die Duellforderung bei Hebbel. Hier sagt Peter: „Machen wir ein Metsch" (Match). Sie streiten sich, wessen Vater den größeren Einfluss hat. Leo lässt sich nicht beeindrucken.
15. Amerika I	Der aus der Untersuchungshaft entlassene Karl kommt nach Hause. Die Überschrift verweist auf die Pläne Karls (bei Hebbel), zur See zu fahren. „Amerika" ist Metapher für Freiheit und Neubeginn.
16. Amerika II	Karl will seine Heimatstadt verlassen und nach München ziehen. „Ich geh nach Münchn, wo mich keiner kennt, und fang neu an".
17. Schattenkabinett	Ein Schattenkabinett ist in der Politik eine Gruppe der Opposition, die im Falle eines Wahlsieges die Ministerriege („Kabinett") bilden würde. Hier könnte ein Bezug hergestellt werden zu den Toten („Schatten") auf dem Friedhof oder zur Situation Maries nach Leos Absage: „Papa" möchte die Verantwortung für das Kind nicht übernehmen.
18. Bilanz	Die „Bilanz" (ein Begriff aus der Bürokratie) ist ernüchternd: Leo wird Marie nicht heiraten, Peter ebenfalls nicht, Karl wird sie nicht mit nach München nehmen, der „Papa" will sich erneut verheiraten und möchte sich nicht um Marie und das Kind kümmern. Sie droht mit Selbstmord, wird aber nicht ernst genommen, sondern ausgelacht. Papa, Karl und Peter spielen Skat.

Die Zwischenüberschriften zeigen eine **ironisch-distanzierte Sicht** auf das Geschehen; Kroetz treibt hier ein hintergründiges Spiel mit dem Vorwissen des Lesers. Marie ist alles andere als eine „Madonna", Leo ist bestimmt kein „Prinz", Karl kein reumütiger „verlorener Sohn". Das „Duell" verkommt zu einem folgenlosen Geplänkel. Andere Überschriften drücken in ihrer banalen Nüchternheit („Prüfung", „Luftballon", „Haltestelle", „Bilanz") die fragwürdige Perspektive aus, die sich den handelnden Personen bietet: Ob der „Papa" erneut heiraten und sein Geschäft durch die schwere Zeit bringen wird, ist genauso fraglich wie die Chance Karls, in München neu beginnen zu können, der berufliche Aufstieg Leos oder letztlich auch der Freitod Maries, an den die Skat spielenden und lachenden Männer ohnehin nicht glauben wollen („Zerscht mußt tot sein, dann glauben mir es!", S. 63). Es kommt hinzu, dass die Überschriften sich nur dem Leser, nicht aber dem Theaterzuschauer erschließen. Insofern mag das Stück beim Anschauen des Öfteren zum Lachen reizen, aber auch dann wird es sich nicht um ein befreiendes Lachen handeln.

Vergleich von Einzelszenen[16]

Hebbel (Akt, Szene)	Kroetz (Zwischenüberschrift)
I, 5	**6**
Insbesondere S. 47: Die Natur (Beispiel des blühenden Baumes) erscheint Anton als zuverlässigen Gesetzmäßigkeiten folgend; die Menschen dagegen sind ohne feste Ordnung, deshalb begegnet Anton ihnen mit Misstrauen. Leonhard dagegen behauptet, der Mensch habe in sich „Gesetz und Regel", meint dies aber nicht in moralischer Hinsicht, sondern im Hinblick auf die Mechanismen gesellschaftlichen Erfolgs.	(S. 24) Beim „Papa" stehen sich nicht Natur und Mensch, sondern Natur und „Wirtschaft" gegenüber. Die ökonomischen Vorgänge versteht er nicht, deshalb „fügt" er sich. Leo hält auch hier ein „Gesetz" entgegen: „Was klein ist, stirbt. Was groß ist, wächst. Heißt das Gebot der Stunde". Er bezieht sich dabei auf das Schuhgeschäft, das zu klein ist, um sich ökonomisch zu behaupten.

II, 2	10
Klara im Gebet: „Nimm mich für ihn!" (S. 67) Sie opfert sich für ihren Vater. → moralische Richtschnur	Marie im Selbstgespräch: „Bring dich um, alter Depp". Sie würde dann die Eigentumswohnung erben und „wär aus dem Schneider." (S. 40) → ökonomisches Denken
III, 2−4	**13/14**
Klara bietet sich Leonhard als untertänige Ehefrau und Sklavin an, um die bürgerlichen Normen zu erfüllen. Auch der Sekretär unterwirft sich bürgerlichen Normvorstellungen: „Darüber kann kein Mann weg".	Marie stimmt zwar Leo zu, ein „ledigs Kind" sei „heut kein Beinbruch mehr", es sei jedoch „unpassend" (weil das Geschäft vom Papa schlecht läuft) (S. 50). Peter folgt – wie Marie – ökonomischen Maximen: „Ich bin von meine Eltern abhängig. Als Erbe. Eine Frau mit einem ledigs Kind is da Scheiße" (S. 53)
III, 6	**14**
Es kommt zum Duell, weil der Sekretär Genugtuung von Leonhard verlangt. → beide kommen um	Die beiden Kontrahenten „duellieren" sich mit der Androhung ökonomischer Repressalien, indem sie ihre jeweiligen Beziehungen ins Spiel bringen. → Leo „siegt", Peter muss unverrichteter Dinge abgehen.
III, 11	**18**
Der Sekretär ist am Schluss der Einzige, der – wenn auch sterbend – Anton mit Argumenten der Menschlichkeit kritisiert und ihm als „Pharisäer" die Schuld an Klaras Tod gibt. Er erkennt, dass er Klara hätte helfen (retten) können, wenn er sich über jene bürgerlichen Vorbehalte hinweggesetzt hätte. → Perspektive für eine bessere Welt, in der soziales Mitleid über die starren Normen siegt	Peter ist sich mit den anderen einig; das gemeinsame Skatspiel grenzt Marie aus, die bei keinem Halt oder Zuspruch findet und stattdessen ausgelacht wird. Auch Karl, der zunächst fragt, ob angesichts der Situation ein Skatspiel nicht „unbarmherzig" sei, schließt sich dem Gelächter an. → Es wird sich gesellschaftlich nichts ändern.

Mit dem Sekretär hat Hebbel eine Figur geschaffen, die – anders als Anton, der die Welt nicht versteht und nicht verstehen wird, anders aber auch als Klara, die nur vage auf eine Lösung im Jenseits hofft – zumindest andeutungsweise zeigt, wie die kleinbürgerliche Starre überwunden werden kann: durch Liebe, Mitleid und Menschlichkeit. Da eine solche Figur bei Kroetz fehlt, gibt es auch **keine Hoffnung auf Besserung**. Marie wird wahrscheinlich nicht sterben, da sie den Selbstmord nur angedroht hat, sie wird aber auch kein zufriedenes Leben führen können. Insofern endet das Drama eher resignativ als humoristisch, und es dürfte kein Zufall sein, dass Kroetz die Tagebucheintragung Hebbels, ihn selbst erschüttere „diese Klara gewaltig, wie sie aus der Welt herausgedrängt wird", an den Schluss seines Stückes setzt (S. 63). Heute wird sich vermutlich eine junge Frau wegen einer ungewollten Schwangerschaft nicht mehr umbringen, aber in einer von ökonomischen Maximen beherrschten Welt, in der jeder egoistisch seinen eigenen Weg verfolgt, wird sich kein persönliches Glück einstellen.

Zur Sprache

Wenn Kroetz' Stück zum Lachen reizt, dann in erster Linie wegen der Sprache. Es handelt sich dabei um eine ans Bayerische angelehnte **Kunstsprache**, Kroetz selbst spricht von „Umgangsdeutsch mit Süddeutsch" (S. 6). Einige Wörter werden deshalb in der Rotbuch-Ausgabe „übersetzt": „Pfiat enk!" (S. 14) = Es behüte euch Gott (bayerischer Abschiedsgruß); „Guttifresser" (ebd.) = Leckermäulchen (bayer. „Gutti" = Bonbon); „Wimmerl" (S. 21) = Pickel, Pustel; „Inngreisch" (S. 55) = Innereien usw. Auch andere Autoren bedienen sich des Stilmittels der Mundart, um eine komische Wirkung zu erzielen, insbesondere beim Volksstück oder beim (Fernseh-)Schwank; man denke etwa an den (bayerischen) „Komödienstadl", das Kölner „Millowitsch-Theater" oder das Hamburger „Ohnsorg-Theater".

Die Personen benutzen:

- zahlreiche Floskeln („wie man so sagt", „sonst nix" und das mehrfach wiederholte „wo man suchn muß" bzw. „wost suchn kannst"),
- Sprichwörter („Was du heute kannst besorgn, das verschiebe nicht auf morgn", „Handwerk hat goldenen Boden", „Essn haltet Leib und Seel zam", „Immer wolln die Eier gscheiter sein wie die Henn" usw.),
- Redensarten („auf der Brennsuppn dahergeschwommen", „Ein Kamerad ist den andern wert", „Jedem das Seine", „die Firma dankt" usw.),
- teilweise verunstaltete Zitate („Ich wasche mich in Unschuld" und noch einmal: „Ich wasche meine Hände in triefender Unschuld!").

Wenn sie sich im Bildungsdeutsch bewegen, wirken ihre Sätze angelernt und insofern deplatziert („Das Geständnis ist bloß eine Frage der Intelligenz", „Die Stürme des Lebens sind bloß Zeitvertreib", „Ich bin wieder da. Das muß Schatten werfen"). Dann finden sich skurrile Stilblüten: „Ein Selbstmord, den ich nicht überleb" (Marie), „Muttermörder seiner Mutter" (Papa über Karl).

Besonders der Schluss weist komödiantische Züge auf: Der tragische Endpunkt des Hebbel'schen Stückes, Klaras Selbstmord, wird bei Kroetz zu einer **Farce**, die der Vater bereits ankündigt. Auf Klaras unvollendetes „Dann –" sagt Papa: „– bringst du dich um. Das ist bekannt und fad". Als Klara mit ihrer Ankündigung, sich vergiftet zu haben, kein Gehör findet und um Hilfe schreit, sagt Papa bezeichnenderweise: „Mach kein Theater". Und auf Klaras Hilferuf, man möge doch „einhundertelf, die Feuerwehr" anrufen, kommt die Berichtigung Karls: „Einhundertzwölf ist Feuerwehr" und Peter bringt es sogar, unter dem Gelächter der anderen, fertig zu sagen: „Zerscht mußt tot sein, dann glauben mir es!" (S. 62 f.) Das alles wirkt in seiner La-

konie durchaus **lächerlich und ironisch**; die zugrunde liegende Tragik kann aber auch durch die komödiantischen Effekte
nicht ganz verschüttet werden.

Es wurde schon deutlich gemacht, dass die Figuren sich charakterlich kaum voneinander unterscheiden. Das betrifft auch
ihre Ausdrucksweise, die in der Sprache der Soziolinguistik als
restringierter Code bezeichnet werden kann: Es wimmelt von
Ausdrücken der Fäkalsprache, und die Figuren versehen sich
untereinander mit Begriffen wie „Sau" (mehrfach), „blöde Kuh"
(Marie über sich selbst), „blöder Trampl" (Anton zu Marie),
„blöde Gans" (Leo über Marie), „der alte Depp'" (Leo über Papa;
auch Marie spricht so über ihren Vater), „das versoffene
Schwein" (Marie über Papa). In ihrem blasphemischen „Gebet"
spricht Marie sogar Gott als „Scheiß Lieber Gott" an (S. 17). All
dies mag unverkrampft und burschikos wirken, heiter ist es jedoch nicht.

Von Friedrich Dürrenmatt, der sein böses und zynisches
Stück *Der Besuch der alten Dame* als „tragische Komödie" bezeichnet hat, stammt der Satz: „Uns [d. h. der Gegenwart der
Nachkriegszeit] kommt nur noch die Komödie bei".[17] In diesem
Sinne scheint es Kroetz gelungen zu sein, einen **tragischen
Stoff in die Gegenwart zu transponieren** und ihm insoweit
einen angemessenen Hintergrund zu verleihen.

Literaturhinweise

Verwendete Textausgaben:

HEBBEL, FRIEDRICH: *Maria Magdalena. Ein bürgerliches Trauerspiel in drei Akten.* Mit Hebbels Vorwort. Anmerkungen von Karl Pörnbacher. Stuttgart: Reclam, 1965. Durchges. Ausg. 2002. (RUB 3173.) [In neuer Rechtschreibung.] Nach dieser Ausgabe wird im Text und in den Anmerkungen zitiert.

KROETZ, FRANZ XAVER: *Maria Magdalena. Der Soldat. Oberösterreich. Wunschkonzert. Stücke I.* Mit einem Nachwort von Michael Töteberg. Berlin: Rotbuch-Verlag, 2009.

Weitere Ausgaben

HEBBEL, FRIEDRICH: *Werke.* Hrsg. von Gerhard Fricke, Werner Keller und Karl Pörnbacher. München: Hanser. Bd, 1: Dramen. 1963, Bd. 5: Tagebücher, Briefe. 1967. (Im Text zitiert als: *Werke* mit römischer Band- und arabischer Seitenzahl.)

HEBBEL, FRIEDRICH: *Sämtliche Werke. Historisch-kritische Ausgabe.* Hrsg. von Richard Maria Werner. Berlin: Behr 1904 ff. Drei Abteilungen: *Werke* in 12 Bänden, *Tagebücher* in 4 Bänden und *Briefe* in 8 Bänden. (Im Text zitiert als: *HKA Werke* bzw. *Tagebücher* bzw. *Briefe* mit römischer Band- und arabischer Seitenzahl.)

Kommentare und Interpretationen

HEIN, EDGAR: *Friedrich Hebbel: Maria Magdalena.* München: Oldenbourg 1989 (Oldenbourg-Interpretationen 37).
Ausführliche Interpretation mit zahlreichen Materialien.

KURSCHEIDT, GEORG: „*Maria Magdalena* – Hebbels bürgerliches Trauerspiel in der Bearbeitung von Franz Xaver Kroetz." In: *Wirkendes Wort 32 (1982)*, H. 6, S. 405–418.

LÜTKEHAUS, LUDGER: *Friedrich Hebbel: „Maria Magdalene".* München: Fink 1983 (Uni-Taschenbücher 1192).
Umfangreiche Deutung, allerdings eher für den Universitätsgebrauch.

RANKE, WOLFGANG: *Friedrich Hebbel: Maria Magdalena. Erläuterungen und Dokumente.* Stuttgart: Reclam 2007 (RUB 16040). Im Text und in den Anmerkungen zitiert als „*EuD*".
Für eine intensive Beschäftigung mit dem Stück ist dieses Bändchen außerordentlich nützlich.

REINHARDT, HARTMUT: „Friedrich Hebbel: *Maria Magdalena*". In: Helmut Kreuzer (Hrsg.): *Friedrich Hebbel.* Darmstadt: Wissenschaftliche Buchgesellschaft 1989, S. 385–421.
Hilfreich bei der Interpretation der Motive in Hebbels Stück.

SIEVERS, HARTWIG: *Hebbels „Maria Magdalene" auf der Bühne. Ein Beitrag zur Bühnengeschichte Hebbels.* Berlin & Leipzig 1933. Nachdruck Hildesheim: Gerstenberg 1978.
Guter Überblick über die Rezeptionsgeschichte bis in die Dreißigerjahre des 20. Jahrhunderts.

STERN, MARTIN: „Das zentrale Symbol in Hebbels *Maria Magdalene*". In: Helmut Kreuzer (Hrsg.): *Hebbel in neuer Sicht.* Stuttgart: Kohlhammer 1963 (Sprache und Literatur 9), S. 228–246.
Zentrales Symbol ist für Stern die Enge, die nicht nur die Figuren des Stücks, sondern auch den Autor selbst beherrscht.

Sonstige Literatur

CARL, ROLF-PETER: *Franz Xaver Kroetz*. München: C. H. Beck / edition text & kritik 1978 (Autorenbücher 10)
Gute Darstellung der politischen Intentionen Kroetz' bis 1978.

DOSENHEIMER, ELISE: *Das deutsche soziale Drama von Lessing bis Sternheim*. Konstanz 1949

MATTHIESEN, HAYO: *Friedrich Hebbel in Selbstzeugnissen und Bilddokumenten dargestellt*. Reinbek: Rowohlt 1970, [2]1979.

MEETZ, ANNI: *Friedrich Hebbel*. Stuttgart: Metzler [3]1973.
Geeignet für eine wissenschaftliche Beschäftigung mit Hebbel.

ROSENBAUM, HEIDI: *Formen der Familie. Untersuchungen zum Zusammenhang von Familienverhältnissen, Sozialstruktur und sozialem Wandel in der deutschen Gesellschaft des 19. Jahrhunderts*. Frankfurt a. M.: Suhrkamp 1982.
Enthält ein lesenswertes Kapitel über die Struktur der Handwerkerfamilie im 19. Jahrhundert.

Anmerkungen

1 Georg Hensel: „Der unterwanderte Hebbel. Über *Maria Magdalena* von Kroetz", in: *Theater heute* 14 (1973), H. 6, S. 34 f.

2 Georg Hensel: „Hebbels *Maria Magdalena* in Darmstadt", in: *Theater heute* 9 (1968), H. 6, S. 18–20, hier S. 18.

3 Siehe S. 84 zur Aufführung der Frankfurter „theaterperiphere". Vgl. http://www.faz.net/aktuell/rhein-main/kultur/maria-magdalena-klara-heisst-jetzt-meryem-11040349.html und http://www.fr-online.de/theater/frankfurter-theaterperiphere-ein-hebbel-fuer-heute,1473346,4638464.html

4 Die Darstellung der Sozialstruktur des Handwerks fußt im Wesentlichen auf: Heidi Rosenbaum: *Formen der Familie*, S. 122 ff.

5 Die Darstellung folgt hier der Studie von Elise Dosenheimer, v. a. S. 84 f.

6 H. Reinhardt (S. 406) macht auf die „Fehlbitte" aufmerksam: Klara betet „Geheiligt werde dein Reich" statt „Geheiligt werde dein Name" und sieht darin eine „abgründige Wahrheit", insofern „Klaras Haltung einen humanen Gegensinn zur gnadenlosen Strenge des Richtergottes" aufzeigt.

7 Die Interpretation des Schwur-Motivs folgt im Wesentlichen der Darstellung bei Hartmut Reinhardt, S. 391–394.

8 Die Frage „Meister-Anton-Tragödie" oder „Klara-Tragödie" wird in der Forschung unterschiedlich beantwortet. Eher für das Erstere plädiert G. Fricke (vgl. *EuD*, S. 112 f.), für das Letztere K. May (vgl. *EuD*, S. 114 ff.).

9 Zitiert nach: Luther Bibel (http://www.die-bibel.de/online-bibeln/luther-bibel-1984/bibeltext/bibel/text/lesen/stelle/).

10 Bereits die Zeitgenossen haben hier kritisch eingewandt, dass „so […] keine Bürgersfrau, so kein Schreinermeister [spricht]. Kein Mensch wird diesen Leuten glauben, daß sie nicht lesen können" (Friedrich Theodor Vischer, zitiert bei Hartmut Reinhardt, S. 408).

11 So Hartmut Reinhardt, S. 401.

12 Vgl. Jesu Aussage (Mat 5, 20): *Denn ich sage euch: Wenn eure Gerechtigkeit nicht besser ist als die der Schriftgelehrten und Pharisäer, werdet ihr nicht in das Himmelreich kommen.* (Übersetzung nach Luther)

13 Vgl. Augsburger Allgemeine, 16. 1. 2012

14 Hartmut Reinhardt, S. 420 f.

15 Vgl. http://www.dradio.de/dkultur/sendungen/thema/960087/

16 Die vergleichende Übersicht verdankt wesentliche Anregungen der Darstellung bei Georg Kurscheidt.

17 Friedrich Dürrenmatt: *Theaterprobleme* [1955], zitiert nach: *Dokumente zu Friedrich Dürrenmatts „Die Physiker"*, Stuttgart: Klett 1971, S. 11.

Ihre Anregungen sind uns wichtig!

Liebe Kundin, lieber Kunde,

der STARK Verlag hat das Ziel, Sie effektiv beim Lernen zu unterstützen. In welchem Maße uns dies gelingt, wissen Sie am besten. Deshalb bitten wir Sie, uns Ihre Meinung zu den STARK-Produkten in dieser Umfrage mitzuteilen.

Unter *www.stark-verlag.de/ihremeinung* finden Sie ein Online-Formular. Einfach ausfüllen und Ihre Verbesserungsvorschläge an uns abschicken. Wir freuen uns auf Ihre Anregungen.

www.stark-verlag.de/ihremeinung

Richtig lernen, bessere Noten

7 *Tipps wie's geht*

1. **15 Minuten geistige Aufwärmzeit** Lernforscher haben beobachtet: Das Gehirn braucht ca. eine Viertelstunde, bis es voll leistungsfähig ist. Beginne daher mit den leichteren Aufgaben bzw. denen, die mehr Spaß machen.

2. **Ähnliches voneinander trennen** Ähnliche Lerninhalte, wie zum Beispiel Vokabeln, sollte man mit genügend zeitlichem Abstand zueinander lernen. Das Gehirn kann Informationen sonst nicht mehr klar trennen und verwechselt sie. Wissenschaftler nennen diese Erscheinung „Ähnlichkeitshemmung".

3. **Vorübergehend nicht erreichbar** Größter potenzieller Störfaktor beim Lernen: das Smartphone. Es blinkt, vibriert, klingelt – sprich: Es braucht Aufmerksamkeit. Wer sich nicht in Versuchung führen lassen möchte, schaltet das Handy beim Lernen einfach aus.

4. **Angenehmes mit Nützlichem verbinden** Wer englische bzw. amerikanische Serien oder Filme im Original-Ton anschaut, trainiert sein Hörverstehen und erweitert gleichzeitig seinen Wortschatz. Zusatztipp: Englische Untertitel helfen beim Verstehen.

5. **In kleinen Portionen lernen** Die Konzentrationsfähigkeit des Gehirns ist begrenzt. Kürzere Lerneinheiten von max. 30 Minuten sind ideal. Nach jeder Portion ist eine kleine Verdauungspause sinnvoll.

6. **Fortschritte sichtbar machen** Ein Lernplan mit mehreren Etappenzielen hilft dabei, Fortschritte und Erfolge auch optisch sichtbar zu machen. Kleine Belohnungen beim Erreichen eines Ziels motivieren zusätzlich.

7. **Lernen ist Typsache** Die einen lernen eher durch Zuhören, die anderen visuell, motorisch oder kommunikativ. Wer seinen Lerntyp kennt, kann das Lernen daran anpassen und erzielt so bessere Ergebnisse.